ÉTUDES COMPARÉES

DES

APPAREILS DE CUISINE

employés spécialement

DANS LES

HOPITAUX MILITAIRES, CASERNES, HOPITAUX CIVILS

LYCÉES, COMMUNAUTÉS

ETC. ETC.

ÉTUDES COMPARÉES

DES

APPAREILS DE CUISINE

employés spécialement

DANS LES

HOPITAUX MILITAIRES, CASERNES, HOPITAUX CIVILS

LYCÉES, COMMUNAUTÉS

ETC. ETC.

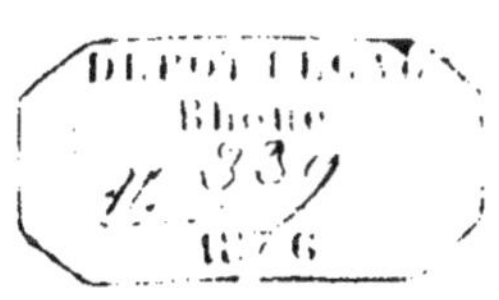

L'architecture doit être le symbole de
notre état social, la représentation de notre
aspiration et du génie contemporain.

Il est impossible, à quiconque examine notre architecture moderne,
de ne pas reconnaître les immenses progrès qu'elle fait tous les jours.

De toutes parts nos regards rencontrent des monuments publics, des
hôtels, des châteaux, des villas, voire même des maisons particulières fort
modestes, portant des preuves indéniables des talents multiples des architectes de notre époque. Les constructeurs d'aujourd'hui se préoccupent assez souvent de la satisfaction des goûts et des besoins de leurs
contemporains ; et les habiles vont plus loin, ils les devinent, ils les pro-
voquent. Malheureusement, ces derniers sont encore rares, et, pour le
grand nombre, le côté moins poétique, mais plus pratique, de la question
de l'habitation est beaucoup trop négligé. Partout l'architecture privée,
dans certains cas déjà, montre dans le sens utilitaire une sagacité vraiment remarquable. Encore quelques efforts, et des progrès nouveaux
s'accompliront. En ce qui nous concerne, par tous les moyens à notre
disposition, nous chercherons constamment à les encourager, nous les
provoquerons même au besoin.

Il est des maisons habitées par des rentiers, des petits bourgeois, des
ouvriers, qui serviraient de modèles : l'hygiène et le bien-être y attei-
gnent un véritable idéal, mais elles ne sont encore qu'une exception. La
plupart de nos architectes se préoccupent bien plus de l'effet produit
sur l'œil du passant, par l'enveloppe extérieure de leur bâtiment, qu'ils
n'ont de soucis de l'harmonie et de la commodité des parties intérieures.
Tous ceux-là qui considèrent leur art comme un dogme, ayant des règles
précises, des principes définis, des lois immuables et indépendantes, tout

ce qui, pour eux, n'est pas image, ornementation, apparence, est indigne de leur attention. Il leur répugne d'étudier et de connaitre les ustensiles d'un usage fréquent, d'un service journalier, qui, par leurs qualités diverses et leur facile emploi, font que *l'on est bien chez soi.*

Nous nous bornons à faire ici l'application de ces observations à certains objets qui garnissent l'intérieur de nos habitations, et qui ont, à plus d'un point de vue, une importance considérable. Nous voulons parler des appareils de chauffage et des fourneaux de cuisine.

C'est principalement lorsqu'il s'agit de l'organisation d'une cuisine, que l'on rencontre, chez la presque totalité des architectes, des ingénieurs civils et militaires, l'ignorance la plus complète. Ce n'est pas tout à fait leur faute, nous le savons, car sur les bancs des écoles ils n'en n'ont jamais entendu parler. MM. les professeurs regardent ces appareils comme indignes de leur attention. Et, cependant, combien plus économique serait la dépense journalière du combustible, si, connaissant les meilleurs systèmes, les architectes en prescrivaient l'usage ! Rien ne serait-il plus agréable à un propriétaire, ou à une administration, que de voir régner dans toutes les parties de l'habitation une harmonie parfaite, satisfaisant à tous les besoins de la cuisine et de l'hygiène, et cela avec une dépense relativement faible? Il existe malheureusement peu d'ouvrages traitant de cette matière. Il n'y a que de timides essais ou des compilations sans valeur.

Aussi M. le général Morin a-t-il mille fois raison de dire dans son remarquable ouvrage intitulé : *Manuel pratique du chauffage et de la ventilation.* « Ces questions dans lesquelles la santé publique et le bien-« être des individus sont si directement intéressés, ont été jusqu'à ce « jour trop négligées par les architectes, qui, pour la plupart, ne s'en « préoccupent guère et s'en rapportent avec trop d'indifférence aux « ingénieurs praticiens, auxquels ils ne s'adressent le plus souvent que « quand les édifices sont à peu près construits, ce qui crée aux plus « habiles de nombreuses difficultés et occasionne un grand surcroit de « dépenses, devant lequel les administrations et les particuliers reculent « presque toujours. »

Sans vouloir aller aussi loin que le savant directeur du Conservatoire des Arts et Métiers de Paris, nous pouvons cependant affirmer, nous en faisons l'expérience journalière, qu'un très-petit nombre de personnes chargées d'ériger des constructions publiques et particulières, se sont livrées à l'étude des fourneaux de cuisine, qui sont cependant, pour les hôpitaux et hospices civils et militaires, les maisons de retraite et de santé, les hôtels publics, les restaurants, les communautés, les pensionnats, etc., etc., l'un des principaux éléments de la conduite régulière et économique de ces établissements.

Il s'est rencontré, à de rares intervalles, des hommes qui, préposés à la direction de travaux de construction, furent poussés par la nécessité à s'occuper de la grave question des fourneaux de cuisine, et presque tous, ont été les auteurs d'améliorations des anciens appareils. Mais, dans cette question comme dans une foule d'autres, les changements apportés ou proposés ne peuvent être uniformément employés ; le problème à résoudre ayant, dans ses données, des éléments divers et parfois opposés les uns aux autres, il est impossible de ne pas admettre des tempéraments dans les applications, sans s'exposer à troubler tout un ordre de choses, que des raisons majeures obligent à conserver. Aussi voit-on souvent, et précisément à cause de l'ignorance de la plupart des architectes ou ingénieurs, les changements proposés, lorsque leur auteur jouit dans les corporations d'une certaine faveur ou d'une autorité méritée, adoptés sans discernement dans toutes les circonstances. Il est si commode, lorsqu'on appartient à une administration publique, de ne se livrer à aucun examen, et, par suite, ou de continuer la routine ou de tout renverser, parce que telle est l'opinion d'une autorité.

En ce qui touche le sujet qui nous occupe, nous citerons un exemple et le développerons, afin de montrer les dangers de l'application trop précipitée de changements qui, bons dans certains cas, sont très-préjudiciables à des intérêts de premier ordre, lorsqu'ils sont apportés sans une étude et une maturité suffisantes.

En 1872, M. le capitaine du Génie Corbin présenta pour le prix d'encouragement un mémoire sur les cuisines à vapeur. De ce mémoire il fit une brochure, qui, répandue à profusion dans le corps du Génie, est considérée par tous les officiers de cette arme savante, comme apportant la solution définitive du problème si délicat de la cuisine économique, dans nos hôpitaux.

Examinons :

M. Corbin rappelant les perfectionnements que fit adopter, par le

Ministère de la guerre en 1830, son collègue le capitaine Choumara, ajoute que, depuis cette époque, les fourneaux de cuisine des casernes n'ont subi aucune modification. Il serait plus exact de dire que malgré les perfectionnements apportés à ces fourneaux, le Ministère de la guerre a conservé ceux de 1830, et l'opinion du capitaine Corbin tendrait à faire passer ce système d'un seul bond à l'administration de la guerre, des fourneaux presque primitifs ou du moins incomplets du capitaine Choumara, aux cuisines à vapeur, conseillées par le capitaine Corbin, et à peine expérimentées. Indiquons en deux mots que le système de M. Choumara consistait à remplacer une seule marmite à section circulaire par deux autres marmites à section demi-circulaire, et à augmenter ainsi la surface de chauffe en obligeant la flamme et la fumée à parcourir l'espace de 5 à 6 centimètres, laissé entre les deux demi-marmites, à en sortir par un orifice aussi petit que possible, et à contourner ensuite leur surface extérieure avant de se rendre à la cheminée. M. Choumara a même poussé la chose plus loin, il a proposé la division du récipient primitif en quatre parties dont les sections seraient des quarts de cercle. Cette disposition rejetée par le comité du Génie, n'a pas reçu d'application ; tandis que la précédente est adoptée d'une façon générale, soit que les marmites reposent sur des fourneaux en maçonnerie, soit qu'elles s'adaptent sur des poêles en fonte, comme ceux que construit M. François Vaillant.

Les fourneaux portant ou non les marmites Choumara, lorsqu'ils sont construits en maçonnerie, reçoivent, dans la pratique, le nom de fourneaux du Génie ; un grand nombre de nos casernes, forts et hôpitaux militaires en sont encore malheureusement pourvus. Ces appareils qui chauffent fort mal, quoique dépensant beaucoup de combustible, se détériorent facilement et réclament des réparations continuelles et fort coûteuses. Quant aux fourneaux de François Vaillant, consistant en une carcasse exclusivement métallique formée de pièces peu ou mal ajustées, la dépense du combustible est considérable, perdant par le rayonnement une grande quantité de calorique, ce qui est préjudiciable à la santé des cuisiniers. On conçoit difficilement cette persistance mise par les officiers du Génie à vouloir conserver dans les établissements militaires les deux types précédents de fourneaux, présentant de si graves inconvénients et dont l'infériorité serait promptement reconnue, si le corps du Génie militaire voulait bien se donner la peine de faire des essais avec des appareils de divers autres systèmes. Ce corps savant reconnaîtrait bien vite que les deux types auxquels il tient ne peuvent soutenir la comparaison avec des fourneaux à marmites complétement rondes, fourneaux ayant une construction plus raisonnée, des passages de feu intelligemment pratiqués, chauffant par suite plus promptement et avec moins de combustible des marmites totalement rondes de capacité égale à celles dites Choumara.

On comprend bien qu'en 1830, alors que les fourneaux ne produisaient de l'eau chaude qu'avec des récipients occupant le dessus, les marmites Choumara aient été considérées comme un progrès ; mais aujourd'hui que les fourneaux des *bonnes Maisons* sont pourvus de bouilleurs intérieurs invisibles, laissant libre, pour les marmites à soupe ou à ragoût, et la cuisine proprement dite, la surface du dessus, les marmites divisées n'ont plus leur raison d'être et les fourneaux sur lesquels elles s'appliquent, qu'ils soient en maçonnerie ou en métal, doivent disparaître. Et pourtant ils sont encore nombreux, les officiers du Génie les recommandant et les soutenant.

Il serait si facile au Génie de se faire une opinion précise sur la valeur respective des différents sytèmes en usage ; la place de Paris en possède assez de divers constructeurs. Après avoir examiné par eux-mêmes, qu'ils consultent les médecins en chef et les officiers d'administration, ils sauront exactement à quoi s'en tenir. Ne pourraient-ils pas même, la question en vaut la peine, déléguer quelques-uns d'entre eux pour aller, dans les ateliers des constructeurs, vérifier la nature des matériaux employés, examiner avec soin les diverses pièces des appareils, étudier leurs dispositions intérieures, passages de feu, parcours de la fumée, utilisation du calorique, juger de la facilité du démontage et du remontage des parties sujettes à remplacement ou à réparation ; en un mot, se rendre compte de l'application des principes de la physique et de la mécanique, et alors, après une enquête de ce genre, ils pourraient porter sur telles ou telles maisons et sur leurs produits un jugement utile à la fois aux intérêts de l'Etat et à ceux des constructeurs. Ainsi, l'hôpital militaire de Vincennes est pourvu d'un fourneau maçonné, construit par le Génie; celui du Gros-Caillou en a un de François Vaillant; le Val-de-Grâce, l'infirmerie des Invalides, l'hôpital militaire de Versailles en possèdent de la maison Arto, successeur de Boutier, de Lyon. La comparaison est facile à établir pour la place de Paris.

Nous reviendrons plus tard sur ces différents genres d'appareils ; en ce moment continuons l'examen de la brochure de M. le capitaine Corbin, c'est-à-dire la comparaison des cuisines à vapeur avec le système ancien au charbon de terre.

M. Corbin, dans son remarquable mémoire, d'ailleurs, cherche à diminuer les mérites des fourneaux de la cuisine ordinaire, quelles que soient les maisons qui les construisent, afin de pouvoir faire paraître la cuisine à vapeur de M. Egrot sur un plan beaucoup plus élevé. De prime-abord, on s'aperçoit qu'il dépasse, sans le vouloir, bien certainement, le but qu'il se propose d'atteindre.

Cela tient, sans doute, à la séduction de la nouveauté. Le système de la cuisine par la vapeur n'est cependant pas né d'hier, et bien avant que le frère Célestin ne pensât à l'inventer, M. Egrot à en construire les appareils, et M. Corbin à s'en faire l'élogieux historiographe, il y avait des cuisines à vapeur dans beaucoup de pays. Une grande quantité d'usines de l'Angleterre préparent les aliments de leur personnel avec des cuisines à vapeur ; l'Amérique en voit tous les jours une foule de systèmes ; la Belgique et la Hollande en ont fait l'essai depuis de nombreuses années ; de sorte que les personnes qui, après la lecture du mémoire de M. Corbin, seraient tentées de prendre pour une récente découverte la cuisine par la vapeur, se tromperaient singulièrement.

Si donc le système de cuisine tant vanté par M. Corbin possède les nombreux mérites signalés par cet auteur, comment se fait-il que des nations aussi pratiques que l'Angleterre et l'Amérique l'abandonnent pour retourner à l'ancien système ? Dans nos excursions à travers ces pays, nous n'avons rencontré des installations de cuisine à vapeur que dans de rares établissements publics, tels que maisons de pauvres et usines ayant un très-considérable personnel à nourrir et pourvus de générateurs produisant la vapeur destinée à des usages variés, et principalement à faire mouvoir de puissantes machines. Aussi avons-nous de la peine à comprendre la faveur que semble prendre ce mode culinaire chez certains employés de nos administrations publiques, alors que partout ailleurs il est presque totalement abandonné. Et s'il est délaissé par ceux qui en ont fait usage des premiers, c'est qu'il offre de nombreux inconvénients.

M. le capitaine Corbin en signale quelques uns en ces termes :

INCONVÉNIENTS DU SYSTÈME.

1° *Prix de revient.*

Le prix de revient est malheureusement toujours fort élevé et de beaucoup supérieur au prix d'achat des fourneaux en fonte ou en maçonnerie pouvant servir un même personnel.

L'élévation de ces prix tient peut-être au nombre relativement faible des appareils commandés jusqu'à ce jour ; mais il est aussi la conséquence forcée du soin avec lequel doivent être travaillées toutes les pièces qui en font partie, telles que robinets de vapeur, tourillons, raccords de tuyaux, qui, nous devons le dire, sont, de la part du constructeur, l'objet de la plus grande attention.

Il ne faudrait donc pas chercher un fort rabais dans des commandes de ce genre : les diminutions de prix pourraient n'être faites qu'aux dépens du fini de quelques pièces, et l'on dépenserait bientôt en entretien plus que l'on aurait économisé sur la première mise de fonds.

2° *Variation dans les effectifs à nourrir.*

M. Corbin dit avec raison : Outre ce premier inconvénient, il en est un autre non moins grave et qui porte sur le peu de variation dans la dépense de combustible d'un générateur donné, lors même que les marmites qu'il dessert ne sont plus toutes en service. Cette dépense ne reste pas absolument constante, mais elle est loin de varier proportionnellement à la quantité d'aliments à préparer. Cela tient à ce que la consommation de combustible d'un foyer donné est surtout proportionnelle à la surface de la grille, et, le générateur étant le même dans tous les cas, le poids de charbon brûlé variera peu lui-même.

Dans le chapitre suivant, nous citerons un cas où *cet inconvénient fut assez grave pour faire renoncer à l'emploi d'une cuisine à vapeur récemment construite.*

3° *Chances d'accidents.*

Aux inconvénients que nous venons de signaler, nous devons ajouter les chances d'accidents qui sont, il est vrai, peu nombreuses.

Les seuls à craindre sont l'explosion du générateur ou des doubles-fonds des marmites ; or, ceux-ci sont essayés à la presse hydraulique, à une pression de douze atmosphères, quatre fois plus forte, par conséquent, que celle à laquelle ils devront résister dans la pratique ; il n'est, jusqu'à ce jour, arrivé aucun accident de ce genre. D'autre part, les explosions de chaudières à vapeur sont également fort rares ; il suffit d'un peu d'attention de la part du chauffeur pour les éviter.

et, d'ailleurs, on pourrait avoir de ce côté une sécurité à peu près complète par l'emploi des générateurs Belleville qui, comme on le sait, sont *inexplosibles*.

Ces inconvénients signalés par M. Corbin ne sont pas les seuls, nous en ajouterons d'autres :

1° Celui de ne pouvoir confier au premier homme venu la conduite des générateurs, des robinets, des conduites de vapeur et des chaudières à double fond. Il faut un ouvrier habile, soigneux et de conduite régulière, parfaitement au courant des travaux mécaniques. S'il n'est pas encore arrivé d'accident, comme le dit M. Corbin, on le doit au petit nombre d'installations de ce système et aux hommes habiles, en très-petit nombre, que l'on s'est procuré pour leur manœuvre. Mais du jour où il y en aurait beaucoup et où l'on serait obligé de prendre, pour les diriger, des ouvriers ordinaires, les chances d'accidents seraient vite augmentées. Qui ne connaît le rôle important des chauffeurs et des mécaniciens des machines à vapeur, et qui, malgré leur habileté, les essais des générateurs à des pressions beaucoup plus élevées que celle de leur marche ordinaire, laissent arriver des accidents épouvantables, dont ils sont presque toujours les premières victimes ? Dans le cas qui nous occupe, non-seulement le chauffeur doit être un homme exceptionnel, mais aussi les cuisiniers doivent être des ouvriers au-dessus de la moyenne par leurs qualités. En effet, ils ont à veiller à l'ouverture et à la fermeture d'un nombre considérable de robinets que comporte la cuisine à vapeur, à l'état des doubles fonds des marmites, aux joints, à l'usure des conduites de vapeur ; car si une fuite de vapeur à la pression de plusieurs atmosphères se produisait dans une salle où se trouvent agglomérées une quantité de personnes autour des appareils, l'accident serait beaucoup plus grave que l'explosion du générateur ;

2° Celui de nécessiter des frais annuels d'entretien et de réparation des générateurs, des bouteilles, des marmites de construction spéciale, de la grande quantité de tuyaux destinés à l'envoi de la vapeur à haute pression et du retour de l'eau de condensation, ainsi que le nombre très-considérable de robinets d'une fabrication particulièrement compliquée, qui sont l'équivalent de la dépense une fois faite d'un fourneau de cuisine ordinaire, de bonne fabrication ;

3° Celui, enfin, de ne pouvoir faire rôtir les viandes, ni de préparer les plats si nombreux, dans la cuisine française, fritures, omelettes, etc.

Reprenons en détail les divers inconvénients de ce système. Le prix de revient de tous les appareils pour une cuisine servant à la préparation de l'alimentation de 800 à 1,200 personnes, ne peut être moindre de 30 à 40,000 fr. M. Corbin le porte à 35,450 fr., ce qui est, comme nous le disons précédemment, trois ou quatre fois le prix d'un excellent fourneau de cuisine. Il est bien entendu que, dans les deux cas, il n'est point question de broches spéciales, de grillade, étuve ni cylindre à laver la vaisselle. Nous ajouterons même que, contrairement à ce que dit M. Corbin, ce prix s'applique à des appareils d'essais que les inventeurs vendent toujours moins chers, afin d'exciter à l'adoption de leur système, et que ce prix, au lieu de baisser, si l'adoption administrative en était assurée, monterait certainement de 12 à 15 % ; de sorte qu'au lieu de compter sur un rabais, il faut nécessairement s'attendre à une augmentation lorsque les commandes seront décidées. C'est le moyen toujours usité dans l'industrie pour faire rentrer les maisons qui débutent, dans les dépenses de modèles, d'essais, de publicité et d'avances de toutes sortes, faites en vue de la propagande d'un système nouveau.

L'inconvénient de l'impossibilité de faire varier la dépense de combustible avec la variation de l'effectif est tellement grave, que certains établissements, qui avaient eu l'imprudence d'adopter ce système qui était loin d'avoir fait ses preuves, ont dû remplacer ces appareils fort coûteux par de simples fourneaux de cuisine. Ainsi, l'insuccès de l'essai fait à la prison de la santé est tellement sérieux, que l'on devrait le méditer, avant d'admettre ni même de conseiller le système de cuisine à vapeur.

Nous connaissons divers établissements ayant de ces cuisines qui, tout en étant médiocrement satisfaits, en continuent l'usage, par la raison que la dépense première, considérable, ayant grevé fortement leur budget, ils ne peuvent y renoncer, leurs ressources ne permettant pas le remplacement par des fourneaux de cuisine ordinaire.

Nous avons vu, cité dans certains rapports officiels, l'établissement de l'assistance publique d'Ivry comme un exemple de réussite complète et de satisfaction générale. Nous avons contrôlé ces affirmations, et voici ce que les personnes officielles, les plus à même de juger cette question, nous ont dit : Nous sommes loin d'être pleinement satisfaites de notre cuisine à vapeur, elle présente certains inconvénients dont les principaux sont :

1° Cherté excessive des appareils ;

2° Frais d'entretien sans cesse exigés par toutes les nombreuses et délicates parties du système ;

3° Obligation d'avoir une installation très-dispendieuse de rôtissoires, fourneaux ordinaires d'offices, le tout presque aussi coûteux qu'un fourneau ordinaire pour le service général ;

4° Economie de combustible sans importance, malgré la fixité du personnel à nourrir et l'installation d'une machine à vapeur destinée à beaucoup d'autres usages de l'établissement. Aussi n'installerons-nous jamais ce système dans un établissement où nous n'aurions point de machines à vapeur générale, où l'effectif serait variable et où, enfin, nous ne pourrions nous procurer facilement un personnel habile et très-coûteux de chauffeurs et de mécaniciens occupés au service général dans l'établissement.

C'est à Paris seulement que cette installation est possible.

Cet exemple n'est pas le seul que nous puissions citer.

Chez les Dames de Sion, entres autres, il a fallu établir à côté de la cuisine à vapeur :

1° Un four à rôtir les viandes et à faire la pâtisserie chauffé au coke ;

2° Une broche au bois ;

3° Une grillade au charbon de bois ;

4° Une petite cuisine au gaz pour faire bouillir le lait, café, et confectionner les petits plats de l'infirmerie, et tout cela malgré un fourneau au charbon de terre de 1m50 sur 0m75.

Toutes ces dépenses accessoires coûtent pourtant aussi cher qu'un bon fourneau de cuisine, et néanmoins ces Dames déclarent que les aliments, surtout le pot-au-feu, préparés à la vapeur, sont loin de valoir ceux que l'on fait sur les fourneaux ordinaires.

Aussi, après ces dires de personnes intéressées et si compétentes, et d'après notre propre expérience, sommes-nous à nous demander comment quelques administrations d'hospices civils de certaines villes, des directeurs d'établissements de bienfaisance ou scolaires, et surtout des officiers du génie et de l'intendance, se laissent séduire par des descriptions pompeuses, et pertinemment exagérées, répandues, soit par des brochures, soit par des prospectus, ont pu songer un instant, non-seulement à conseiller l'essai, mais encore à pousser, par leur opinion affirmative de l'économie réalisée, les administrations auxquelles ils appartiennent à se lancer, sans réserve, dans l'adoption d'un système dont l'efficacité est tout ce qu'il y a de plus problématique. Il est vrai de reconnaître que, fort heureusement, ils rencontrent des opposants dans leurs collègues ou leurs supérieurs. Ces derniers espèrent, en effet, que le système à vapeur aujourd'hui connu, ne donnant pas encore la solution la plus avantageuse du problème si capital de la préparation la plus économique des aliments, ne sera point substitué au mode généralement usité, et qui est si commode et si parfait lorsque l'on a le soin et l'attention de faire usage des fourneaux les plus perfectionnés.

D'après ce que nous venons de dire, si le système à vapeur peut être employé, avec quelque avantage, dans des établissements comme des casernes, des prisons où l'effectif est élevé et constant, et où la nourriture consiste presque uniquement en préparations bouillies, il en est d'autres comme les hospices, les hôpitaux civils et militaires, où il est de toute impossibilité de faire usage de ce système en raison de l'oscillation incessante de l'effectif, les variations présentant en quelques jours des différences considérables. De plus, M. Corbin, déclarant lui-même que le minimum de l'effectif doit être de mille personnes pour rendre possible l'emploi du système Egrot, ce ne sera plus dans des hospices ou hôpitaux que l'on rencontrera ce nombre élevé de personnes à nourrir ; car, il faut bien espérer que la science dominant la routine, l'opinion des savants aussi distingués que MM. les docteurs Michel Lévy et Cabrol, déclarant pernicieuses les agglomérations de malades dépassant 5 à 600, prévaudra et qu'il sera créé des établissements plus nombreux, mais de moindre importance.

A l'appui de ce qui précède, nous allons mettre sous les yeux de nos lecteurs, en les groupant dans un tableau, des chiffres qui montrent les résultats obtenus par des cuisines à vapeur installées, nous réservant dans la suite de notre examen d'indiquer d'autres inconvénients qui justifieront, davantage encore, l'opinion que nous avons émise sur la nécessité de ne rien changer aux fourneaux économiques établis par de bonnes et sérieuses maisons de construction. (Voir le tableau ci-contre).

DÉSIGNATION DE L'ÉTABLISSEMENT	NOMBRE de personnes entretenues	EFFECTIF d'hommes de troupe correspondant	CONSOMMATION JOURNALIÈRE DE CHARBON PAR CUISINE À VAPEUR				ALLOCATION journalière actuelle de chauffage sous-officiers compris		ÉCONOMIE réalisable par la cuisine à vapeur		OBSERVATIONS
			d'après la brochure		d'après renseignements relevés sur place		pour l'effectif	par tête	d'après la brochure	d'après renseignements	
			totale	par tête	totale	par tête					
			kilog.	gramm.	kilog.	gramm.	kilog.	gramm.	kilog.	kilog.	
Dames de Sion	de 300 à 400	540	80	228	100	333	125	231	+ 45	+ 25	
Frères de la rue Oudinot, de la Doctrine chrétienne	de 400 à 500	1110	110	257	140	329	250	227	+110	+ 30	Il est consommé, outre le charbon, un hectolitre de coke par jour pour le four à rôtir, plus le gaz des réchauds.
Frères de Saint-Nicolas d'Issy	1000 enfants	1650	173	143	152	150	399	242	+259	+249	Il y a un fourneau ordinaire, pour la petite cuisine, de 2 m. de long sur 1 m. de large.
Frères de Saint-Nicolas, rue de Vaugirard	1100 jeunes gens	2200	200	181	250	225	523	237	+ 37	— 13	La dépense pour la cuisine à vapeur est de 13 kilog. de plus que l'allocation.
Sœurs des SS. Cœurs de Jésus et de Marie, rue Picpus, 26	Chiffres exacts comme combustible. Voir les renseignements concernant les frais d'entretien).										M. Corbin ne donne pas l'équivalent en hommes de troupe. La consommation a été trouvée la même; mais il y a, en outre, un fourneau pour les fritures qui dépense environ 10 à 15 kil. par jour.

Nous ferons remarquer que malgré la différence de nos chiffres et ceux de M. Corbin, nous sommes loin de supposer que cet honorable capitaine n'a pas pris les soins les plus scrupuleux pour arriver à la constatation de la vérité. Mais les renseignements de la nature de ceux qu'il nous a fallu prendre, et cela auprès de personnes plus ou moins bien disposées à les fournir, quelquefois intéressées, par amour-propre à augmenter plutôt qu'à diminuer les avantages d'une chose qui est plus ou moins la leur, sont extrêmement difficiles à recueillir. Rien d'étonnant que deux investigations diffèrent un peu. On rencontre toujours des difficultés sans nombre à la recherche de la vérité, lorsqu'elle ne résulte point de constatations mathématiques et qu'elle ressort seulement d'interrogations faites à des hommes ne basant leurs réponses que sur des souvenirs, et se livrant à des appréciations souvent différentes ou faisant des hypothèses plus ou moins acceptables.

Nous avons voulu étudier avec soin les cuisines à vapeur établies, et en ce qui concerne d'abord la seule question du combustible, nous avons reconnu que chez les Dames de Sion on consommait 2,000 k. de charbon en 20 jours, soit par jour 100 k., plus 30 hectolitres de coke en 5 semaines, soit 6 hectolitres par semaine ou environ 1 hectolitre par jour ; ce dernier combustible est destiné à un four rôtissant la viande absolument comme le ferait le four d'un fourneau ordinaire ; plus, du bois pour une broche et de la charbonnaille pour une grillade : et enfin du gaz pour un appareil à confectionner les petits plats, les tisanes des malades, ou à réchauffer les aliments. Nous devons ajouter qu'il existe, en outre, un fourneau ordinaire de 1ᵐ50 de long sur 0ᵐ75 de large que l'on allume les jours de nettoyage ou de réparations des appareils à vapeur. Ce fourneau, s'il était de dimension double, ferait facilement toute la cuisine et n'exigerait pas autant de combustible que l'ensemble des appareils, tout en économisant les accessoires.

Chez les frères de Saint-Nicolas, de la rue de Vaugirard, nous avons constaté la dépense de 250 k. de charbon par jour et à la maison mère des Frères de la rue Oudinot, 140 à 150 kilogrammes. Nous avons reconnu que chez les bons frères, les réponses, sur la dépense du combustible, varient un peu selon que l'on s'adresse au frère cuisinier ou au frère supérieur. Ce dernier, comme le directeur de Saint-Nicolas d'Issy, étant l'auteur de certaines modifications, considère l'installation de sa cuisine comme supérieure à celle des autres établissements. Aussi, retrouve-t-on chez ces dignes et saints hommes une petite faiblesse de notre pauvre nature, l'amour-propre d'auteur.

L'établissement hospitalier de Piepus possède deux générateurs : un pour la cuisine et un autre pour les bains et la buanderie. Un mécanicien est chargé de leur conduite.

Donnons un résumé d'essais récents de ces cuisines à vapeur :

Tableau résumant les essais faits par la place de Paris, à la caserne de la Pépinière, pour déterminer la ration de combustible par la cuisine à vapeur.

Pendant	QUANTITÉ DE CHARBON allouée			QUANTITÉ DE CHARBON consommée			EFFECTIF				ÉCONOMIE			
	Totale	par jour	par tête	Totale	par jour	par tête	Sous-officiers		Troupe		Totale	par jour	par tête	p. 0/0
							Total	par jour	Total	par jour				
	kil.	kil.	gr.	kil.	kil.	gr.					kil.	kil.	gr.	
31 jours	7,037	227	248	6,261	202	221	3,441	111	24,862	802	776	25	27	10 o/o
24 jours	7,728	322	320	5,020	209	200	3,456	111	22,248	927	2,707 500	112	105	33 %

Nous ferons remarquer, en outre, que le tableau précédent, résumant les essais de la cuisine à vapeur à la caserne de la Pépinière de Paris, indique une diminution de combustible de 10 à 33 % ; mais cette différence qui semble donner une supériorité de la cuisine à vapeur sur le système des petits fourneaux, disparaîtrait complétement, si l'on voulait concentrer la cuisine d'une caserne au moyen de un ou de deux fourneaux ordinaires de bonne construction, comme le conseille si judicieusement M. le capitaine Corbin pour la cuisine à vapeur. Nous pouvons affirmer qu'avec des fourneaux au charbon de terre, sortant de bons ateliers, il y aurait une économie de combustible sur la cuisine à vapeur.

M. Corbin cherche à montrer, par un projet d'installation de cuisines à vapeur dans les casernes, l'économie de combustible que l'on pourrait réaliser. Il donne les chiffres suivants ;

Tableau récapitulatif des projets d'installation des cuisines à vapeur dans les casernes.

	DE PENTHIÈVRE occupée par		DE LA PÉPINIÈRE occupée par		DE REUILLY —	DU PRINCE-EUGÈNE —
	Infanterie	Artillerie	Infanterie	Artillerie	Infanterie	Infanterie
Avec les Sous-Officiers.						
Contenance { Soldats.........	672	600	1,365	1,200	2,338	2,964
Sous-Officiers....	43	100	140	200	192	271
Consommation de charbon { présumée des cuisines à vapeur.	100 k.	100 k.	150 k.	150 k.	200 k.	250 k.
des cuisines actuelles....	158 k.	204 k.	360 k.	408 k.	584 k.	775 k.
Économie annuelle en argent, le charbon compté à 50 fr. la tonne..	1,065 f.	1,898 f.	3,832 f.	4,708 f.	7,018 f.	9,577 f.
Sans cuisine de Sous-Officiers.						
Économie annuelle.............	803 f.	»	2,153 f.	»	4,580 f.	6,168 f.

Il a soin, en homme consciencieux, de nous prévenir que les chiffres ci-dessus donnés pour la consommation du combustible des cuisines à vapeur ne peuvent être qu'approximatifs, qu'il les déduit de l'observation de générateurs de même force et de renseignements recueillis dans l'industrie.

Ces chiffres, ajoute-t-il, seraient exacts dans le cas où le feu serait en pleine activité douze heures par jour, ce qui n'arrivera pas, car après la soupe du matin, on attendra environ deux heures pour mettre en train le repas du soir. Il suffira alors de couvrir le feu avec les escarbilles pour l'empêcher de s'éteindre, tout en le maintenant prêt, sans dépense de charbon.

Selon nous, et pour tout praticien, cette dernière considération est singulièrement exagérée, ainsi que nous le ferons ressortir dans les résultats comparatifs indiqués plus loin, au sujet de la consommation du combustible des fourneaux de différents systèmes.

Nous signalerons encore plus tard, lorsque nous établirons les devis comparatifs d'une installation de cuisine à vapeur et de celle d'une

2

cuisine ordinaire, avec des fourneaux perfectionnés, des erreurs ou des exagérations qui sont tout-à-fait contraires à la thèse soutenue dans le travail que nous analysons.

Nous avons suffisamment fait comprendre les genres d'accidents des appareils à vapeur, sans nous étendre plus longuement sur cet inconvénient, nous devons pourtant appeler l'attention de l'administration de la guerre sur une cause de dangers inhérente à son organisation ; c'est la suivante : Les établissements civils ont des cuisiniers qui sont des employés restant généralement longtemps à leur service, tandis que dans les établissements militaires et surtout dans les casernes, ce sont des soldats qui ne passent qu'un temps très-limité à la cuisine, et à peine sont-ils au courant de l'ouvrage qu'ils sont remplacés par d'autres qu'il faut remettre de nouveau au courant. Cela est fort grave. Quant au désavantage dont nous avons parlé plus haut, en ce qui concerne les frais d'entretien du système à vapeur, les considérations suivantes suffiront à l'établir. En effet, il est facile de concevoir qu'avec deux générateurs à nettoyer, à détartrer, en moyenne tous les mois ; les cheminées et les passages de fumées à ramoner souvent ; de nombreux robinets et joints de tuyaux à vapeur et à eau à graisser et à rejointer constamment ; les récipients de cuisson, les caisses à eaux, les bouteilles, etc., etc., à surveiller tous les jours, les frais d'entretien et de réparation seront toujours très-élevés. Nous n'exagérons rien en affirmant que les frais de fourneaux ordinaires, solidement établis, sont 2 ou 3 fois moins considérables. A cet égard, nous donnons des chiffres de M. Corbin lui-même, qui corroborent notre opinion.

(Voir le tableau ci-après.)

Projet d'installation de cuisines à vapeur dans les casernes de :

	PENTHIÈVRE		PÉPINIÈRE		REUILLY	PRINCE-EUGENE
	Infanterie	Artillerie	Infanterie	Artillerie	Infanterie	Infanterie
Contenance en { Soldats...........	672	600	1,365	1,200	2,338	2,964
{ Sous-officiers	43	100	140	200	192	271

1° Avec cuisine de sous-officiers.

	PENTHIÈVRE		PÉPINIÈRE		REUILLY	PRINCE-EUGENE
	fr.	fr.	fr.	fr.	fr.	fr.
Prix de revient des cuisines { Supposé des cuisines à vapeur.	10,000	11,000	16,500	17,500	26,500	33,000
{ cuisines actuelles.	2,410	2,410	4,750	4,750	7,600	12,850
Frais d'entretien des cuisines { à vapeur	150	150	300	300	500	600
{ actuelles.......	150	150	424	424	708	791

2° Sans cuisine de sous-officiers.

	PENTHIÈVRE		PÉPINIÈRE		REUILLY	PRINCE-EUGENE
Frais de revient des cuisines { à vapeur	7,000		11,800		19,500	25,000
{ actuelles.......	2,410		4,750		7,600	12,860
Frais d'entretien des cuisines { à vapeur	125		220		440	530
{ actuelles.......	150		424		708	791

OBSERVATIONS. — Si les frais d'entretien des cuisines à vapeur, qui ne sont que conjecturaux, sont déduits de ceux occasionnés par les appareils actuellement en fonction, nous sommes obligés de déclarer qu'ils sont au-dessous de la vérité, puisque les dépenses de réparations annuelles ou frais d'entretien, pour la cuisine de Piepus, faisant le service d'un personnel de 560 personnes, est de 1,100 à 1,200 fr. Que dire des autres !

Ici, non plus, nous ne discuterons pas les chiffres de ce tableau, nous les enregistrons ; plus tard, en les comparant à d'autres, nous montrerons leur valeur, et nos lecteurs pourront eux-mêmes tirer une conclusion de ce rapprochement. Disons seulement, dès à présent, que les frais de l'entretien fixés pour les cuisines à vapeur nous paraissent insuffisants, et que ceux des fourneaux ordinaires sont infiniment trop élevés. Nous citerons comme exemple, d'abord, la cuisine à vapeur des Dames de Sion, ayant un seul générateur de 4 chevaux, 9 marmites contenues dans un petit espace exigeant, par conséquent, un faible développement de tuyauterie et peu de robinets, puisqu'on ne fait la cuisine que pour 200 jeunes filles de 6 à 15 ans, et environ 100 adultes. Ces frais sont au moins, d'après ces Dames, de 300 fr. par an ; cette cuisine pouvant être assimilée à celle portée au tableau précédent de la caserne de Penthièvre d'une valeur de 10 à 11,000 fr. et dont le chiffre d'entretien ne figure que pour 150 fr. seulement, nous pouvons donc affirmer que ce chiffre est trop faible.

De même, la cuisine des frères à Issy, suffisante, d'après M. Corbin, pour un régiment, ne peut être estimée valoir moins de 20,000 fr. ; or, d'après les frères, l'entretien est chez eux d'environ 3 fr. par jour, soit approximativement de 1,000 à 1,100 fr. par an. Comparée aux cuisines du tableau précédent, comme elle tient le milieu entre celles de 17,500 fr. et de 26,500 fr., les frais d'entretien de celles-ci étant l'un de 300 fr. et l'autre de 590 fr., nous donnent le droit de dire que ces chiffres sont encore inférieurs à ceux qu'il faudrait porter réellement.

Mais c'est bien une autre chose si nous disons que, chez les sœurs du Sacré-Cœur de Jésus et de Marie, rue de Picpus, n° 26, la cuisine à vapeur établie par M. de Madre, en 1863, occasionne tous les ans pour 1,100 à 1,200 fr. de frais de réparations. Cette cuisine correspond à celle du tableau de M. Corbin, d'une valeur de 16,500 fr., dont il compte l'entretien à 300 fr. Combien il est loin, comme on le voit, de la vérité ; il n'y a ici que 800 à 900 fr. de différence ! Et ces Dames ont cependant un chauffeur coûtant fort cher, qui fait toutes les petites réparations.

A Cîteaux, les frères ont été sur le point de renoncer à la cuisine à vapeur, à cause des frais considérables d'entretien et de la difficulté de trouver des bons chauffeurs mécaniciens. Il en est de même presque partout ailleurs.

Nous avons dit que les chiffres d'entretien portés par M. Corbin, pour les cuisines ordinaires, sont trop élevés, et, en effet, M. le capitaine Corbin nous dit bien :

Les frais d'entretien de ces derniers fourneaux mentionnés dans le tableau sont la moyenne des dépenses relevées sur les registres de comptabilité des années 1868 et 1869.

Seulement, nous ferons observer que ces frais s'appliquent probablement à des fourneaux d'un service déjà ancien, leur nombre en est très-considérable dans chaque endroit, et ils sont d'une construction qui, souvent, laisse à désirer sous le rapport des matériaux employés à leur fabrication ; mais, si ces fourneaux n'avaient atteint que la moitié de leur temps de service, s'ils avaient été en nombre aussi restreint que le comportent les modifications très-heureuses demandées par

M. Corbin, de la concentration de la cuisine, et surtout s'ils étaient sortis d'ateliers de construction où le plus grand soin est pris pour l'usage des matières employées, ces frais, au lieu d'avoir atteint pour

Penthièvre,	la Pépinière,	Reuilly,	le Prince Eugène,
150	424	708	791

n'auraient certainement pas été au delà de

150	200	300	350

Pour appuyer ces chiffres, nous déclarons connaître des maisons de construction de fourneaux extrêmement sérieuses, qui feraient volontiers avec l'administration de la guerre un abonnement aux chiffres ci-dessus, et cela pendant un assez grand nombre d'années, soit 25 ou 30 ans, par exemple.

Il serait donc nécessaire, avant d'affirmer que le système de la cuisine à vapeur a une réelle supériorité sur le système ordinaire, de faire des essais comparatifs, comme nous l'avons déjà dit, entre ce nouveau système et celui des fourneaux de cuisine au charbon de terre les plus perfectionnés. Mais cela ne pourrait être utilement pratiqué qu'en concentrant le service dans une ou deux cuisines. Il y aurait même peu d'inconvénient à faire, avec un fourneau spécial, la cuisine des sous-officiers en outre des deux fourneaux nécessaires à la cuisine des soldats, dans les casernes d'un effectif supérieur à 2,000 hommes.

Après avoir établi les chiffres, dont la plupart sont relatés par nous, M. le capitaine Corbin ajoute, sous forme de conclusion :

Considérant, d'abord, le cas où les aliments des sous-officiers sont comme ceux de la troupe, préparés dans des marmites à vapeur, nous voyons que si l'effectif à nourrir ne dépasse pas 700 hommes, et si ces hommes font partie d'un corps d'infanterie ou de cavalerie, ce système de cuisson des aliments est assez *dispendieux*, car, c'est alors que l'installation coûte relativement plus cher et qu'en même temps les économies de combustible sont le plus faible ; aussi n'est-ce qu'en neuf ans que les bénéfices peuvent amortir la première mise de fonds, et rien ne prouve, qu'après ce délai, l'appareil ne sera pas détérioré au point d'*absorber une partie des économies.*

Il n'en serait plus de même si ces 700 hommes appartenaient à l'artillerie, car si le prix de revient est plus élevé que précédemment, le bénéfice est, de son côté, presque doublé. C'est ce qui explique comment, dans cette hypothèse, le délai d'amortissement se réduit de 9 à 5 ans, et rend possible l'adoption de ces appareils.

Les avantages pécuniaires des cuisines Egrot, d'après le tableau ci-dessus, « se font surtout sentir quand il s'agit d'un casernement de 1,400 à 1,500 hommes, quelle que soit l'arme à laquelle ils appartiennent, et ne font que croître avec l'effectif.... »

CONCLUSIONS. — En résumé, si nous considérons que la question pécuniaire, nous voyons : 1° qu'il n'y aurait pas *avantage à employer les cuisines à vapeur dans les quartiers d'infanterie ou de cavalerie contenant moins de 900 à 1,000 places*, que l'on modifie ou non les pensions des sous-officiers ; 2° qu'on pourrait les employer dans les quartiers d'artillerie, quand même ils ne seraient occupés que par sept ou huit batteries, à la condition, toutefois, de supprimer les cantines, et 3° que, pour les effectifs supérieurs à 1,000 hommes, ces cuisines sont très-avantageuses, quelle que soit l'hypothèse dans laquelle on se place par rapport aux sous-officiers ; mais qu'il est préférable d'adopter pour ces derniers la manière de vivre que nous avons proposée, puisque, une fois l'appareil payé, les bénéfices réalisables annuellement seront beaucoup plus importants. L'amortissement de la première mise de fonds se fera aussi rapidement dans un cas que dans l'autre ; enfin, on procurera aux sous-officiers un bien-être qu'ils n'auront jamais autrement.

En général, nous considérons ces cuisines à vapeur comme très-avantageuses à tous les points de vue, et comme très-praticables dans tous les établissements civils ou militaires, où l'on doit nourrir un personnel nombreux, à la condition, toutefois, que celui-ci ne soit pas exposé à subir fréquemment des *variations numériques importantes*. Ces avantages seront les plus grands possibles, quand les aliments seront les mêmes pour tous, et dans les maisons, comme les lycées, les écoles militaires, où l'on prépare à chaque repas deux ou trois mets différents, les avantages pécuniaires subsisteront, quand bien même l'effectif descendrait au-dessous des limites fixées plus haut, car ce minimum de 1,000 hommes se rapporte au cas de soldats ne mangeant que de la soupe.

Ces cuisines rendraient également de très-grands services dans les grandes exploitations agricoles, où l'on cuit la nourriture du bétail. Enfin, dans les cas où l'on dispose déjà de générateur à vapeur, ces installations joindraient, aux avantages énumérés précédemment, celui d'être beaucoup moins dispendieuses, tant au point de vue du premier établissement qu'à celui de la consommation de combustible. Ces cas seraient ceux des cantines, etc., etc.

Nous sommes heureux d'être en complet accord avec l'officier du génie qui a bien voulu s'occuper des appareils de cuisine dans la plupart de ces conclusions, principalement en ce qui concerne l'effectif élevé des hommes à nourrir et l'invariabilité de cet effectif. Qu'on veuille bien se rappeler ce que nous avons dit précédemment à ce sujet; mais si déjà nous admettons, pour l'usage avantageux des cuisines à vapeur, les restrictions de M. le capitaine Corbin, combien les limites de ces restrictions s'étendent-elles, si nous modifions les chiffres comme nous sommes obligés de le faire. Aussi, est-ce avec une étonnante surprise que nous trouvons dans le rapport de M. le capitaine Corbin les lignes suivantes :

Installation des cuisines à vapeur dans les hôpitaux militaires.

CONSIDÉRATIONS GÉNÉRALES.

Les cuisines, dans les hôpitaux militaires diffèrent assez de celles des autres établissements de la guerre pour qu'il y ait lieu d'en faire une étude spéciale. Ces hôpitaux ne ressemblent même pas, à ce point de vue, aux maisons de l'assistance publique, mentionnées plus haut, et dans lesquelles nous avons vu fonctionner les cuisines à vapeur. Ces dernières sont, en effet, des asiles de vieillards ou d'aliénés, où le personnel à nourrir est plutôt infirme que malade. Chez la plupart de ces pensionnaires, les fonctions digestives s'opèrent encore avec assez de régularité, pour qu'il soit inutile de soumettre chacun d'eux à un régime spécial ; tous les aliments peuvent donc être faits en grande quantité. Dans les hôpitaux militaires, il n'en est pas ainsi ; car, outre les bouillons, les légumes et quelques ragoûts communs aux convalescents et au personnel traitant, il y a les repas des officiers et certains aliments légers : potages, omelettes, entremets sucrés, que l'on est convenu d'appeler les *régimes*, qui se préparent chacun en petite quantité, mais dont le nombre varie avec celui des catégories de malades.

On conçoit donc que si la grosse cuisine peut être faite dans des bassines à vapeur, il n'en est plus de même pour la totalité de ces mets variés, non pas que ce mode de chauffage par la vapeur soit impropre à leur cuisson ; mais le nombre en est généralement tel qu'il faudrait, pour obtenir dans le service la régularité actuelle, avoir autant de petites marmites à vapeur qu'il y a de pièces dans la batterie de cuisine de nos hôpitaux, chose impossible à réaliser, en raison de la grande dépense qui en résulterait.

Aussi proposons-nous de substituer, aux grands fourneaux dont on se sert aujourd'hui, deux séries de bassines à vapeur : l'une destinée à la grosse cuisine, bouillons gras ou maigres, ragoûts, légumes, qui se font journellement par centaines de litres; l'autre destinée à ceux des régimes qui se préparent encore dans des récipients de 15 à 20 litres. Quant aux autres mets nécessitant l'emploi de vases plus petits, nous les cuirions sur un fourneau ordinaire, en fonte, de dimensions fort réduites, analogues à ceux dont on se sert dans les ménages, et qu'on n'allumerait qu'une heure environ avant chaque repas. Ainsi entendue, cette installation coûterait certainement plus cher que nos fourneaux d'hôpitaux ; mais, bien que la consommation de charbon de ces derniers soit déjà très-faible, les économies qu'on réaliserait seraient encore généralement suffisantes pour amortir, à bref délai, la première mise de fonds. D'ailleurs, dans ces établissements, où l'on recherche avant tout le bon fonctionnement des appareils de cuisine, la question pécuniaire ne doit venir qu'en seconde ligne ; elle doit être primée par la commodité du service.

Sans revenir sur les avantages déjà connus des cuisines à vapeur, nous insisterons seulement sur un point ; sur la différence des températures qui règnent, d'une part, dans nos cuisines d'hôpitaux où les cuisiniers ne peuvent approcher du fourneau même pendant l'hiver ; et, d'autre part, dans les cuisines établies d'après le système Egrot, où, au mois de juillet, on est aussi peu incommodé que dans une pièce quelconque de la maison, pourvu que les générateurs ne soient pas dans la même chambre que les bassines.

Notre surprise sera certainement partagée par nos lecteurs, car, comme nous, ils sont loin de s'attendre à rencontrer sortant de la plume de l'homme qui énonçait d'une façon si logique, si précise, si consciencieuse, les nombreuses objections s'opposant à l'adoption dans diverses circonstances du système de la cuisine à vapeur un semblable conseil. En effet, nous avons lu ses conclusions disant « *qu'il n'y aurait pas avantage à employer les cuisines à vapeur dans les quartiers d'infanterie ou de cavalerie contenant moins de 900 à 1000 places, que l'on modifie ou non* les pensions des sous-officiers. » Ajoutant : « En général, nous considérons ces cuisines à vapeur comme très-avantageuses à tous les points de vue et comme très-applicables dans les établissements civils et militaires, où l'on doit nourrir un personnel nombreux, *à la condition toutefois que celui-ci ne soit pas exposé à subir fréquemment des variations numériques importantes. Ces avantages seront les plus grands possibles quand les aliments seront les mêmes pour tous.* » Si déjà dans les casernes, ces objections se dressent devant les partisans de la cuisine à vapeur, comme des obstacles insurmontables, que sera-ce donc dans des établissements, comme les hôpitaux militaires, où le nombre de têtes ne doit jamais (conseil de santé), atteindre le chiffre de mille, où les fluctuations des effectifs à nourrir sont considérables et fréquents, où la nourriture extrêmement variée, se compose souvent de régimes, les omelettes, les fritures, les mets dits sautés, les entremets sucrés, ne pouvant absolument pas se préparer par la vapeur, puisque dans tous les établissements où elle existe, il faut faire usage d'un fourneau ordinaire pour leur préparation ? (1)

---

(1) Les deux grands hôpitaux civils, en construction à Paris, l'Hôtel-Dieu et Ménilmontant, seront pourvus de fourneaux à vapeur, ce qui est possible, la vapeur étant installée pour des besoins généraux ; mais, à côté, de nombreux fourneaux ordinaires et de grandeurs différentes seront montés pour la préparation des aliments divers et des produits pharmaceutiques. Les dépenses, occasionnées par ces derniers, ne s'élève pas à moins de 60,000 à 100,000 fr. Et ces établissements, construits contrairement aux conseils de nos grands hygiénistes, seront certainement les derniers de cette importance.

On conçoit difficilement le conseil donné par M. Corbin à l'administration de la guerre, pour l'introduction de la cuisine à vapeur dans les établissements hospitaliers.

M. le capitaine Corbin reconnaît bien, en effet, que, pour ces établissements, la question pécuniaire ne doit venir qu'en seconde ligne, et qu'elle doit être primée par la commodité du service ; mais nous devons néanmoins nous élever contre l'application trop généralisée d'un système dont la valeur très-contestable n'est basée que sur des études encore incomplètes.

Et d'abord à l'appui de ce qui précède, nous dirons que si aucune mesure administrative n'a encore fixé le maximum de places que doivent contenir les hôpitaux militaires, l'Académie de médecine, le Conseil de santé des armées, l'inspecteur Michel Lévy, dans son traité d'hygiène, M. le docteur Cabrol, médecin en chef des hôpitaux militaires, etc., etc., n'en reconnaissent pas moins à l'unanimité que le nombre des lits d'un hôpital militaire ne doit point dépasser le chiffre de 500, pour être dans les meilleures conditions de service et d'hygiène ; ce qui, avec le personnel servant, constitue un effectif maximum de 700 personnes à nourrir.

Voici les termes dans lesquels s'exprime M. Michel Lévy : « Ce qu'une observation de 10 à 12 ans m'a appris à cet égard (du nombre de malades dans les hôpitaux), dans les séries d'inspections qui portaient sur un nombre considérable d'hôpitaux civils, où sont traités les malades de nos garnisons dépourvues d'hôpitaux militaires, ne me laisse aucun doute sur la supériorité hygiénique des petits établissements ; moins ils contiennent de malades, plus ils sont salubres.

« Sans l'obstacle budgétaire des frais généraux, on ne saurait trop restreindre l'effectif de la contenance des hôpitaux. A 200 malades, ils produiront plus et mieux pour l'humanité et pour le succès de l'art, qu'à 300 et 400 malades.

« Ce dernier chiffre nous paraît une limite désirable, et nous tenons le chiffre de 600 lits pour un maximum qui ne devra pas être permanent. Au delà de ces fixations, leur assainissement est un problème de tous les jours, et la régularité de leur service, plus apparente que réelle. Vastes foyers d'élaborations morbifiques, toujours menaçantes pour ceux qui y résident, ils engendrent toutes les maladies spéciales, ils enveniment celles qui ont été apportées du dehors, ils alimentent une atmosphère toxique. »

On est décidé au Conseil de santé à adopter cette limitation pour les hôpitaux à construire. Voici donc des établissements dont l'effectif étant à peine de 6 à 700 hommes à alimenter, qui ne remplissent point les conditions de l'adoption de la cuisine à vapeur, fixées par M. Corbin lui-même. S'il eût connu ces indications scientifiques, cet officier du génie se serait dispensé de pousser plus loin sa démonstration de la possibilité de faire usage de son système favori. Quant aux variations des effectifs, tout le monde sait que s'il est des établissements où elles sont fréquentes, c'est dans les hôpitaux militaires.

Pour le montrer, nous prendrons les chiffres des hôpitaux militaires de Paris pendant l'année 1874 ; nous nous bornerons à indiquer, par mois, les effectifs minima et les maxima.

	Val-de-Grâce	Gros-Caillou	Saint-Martin	Vincennes
	1874	1874	1874	1874
Janvier....	350	252	157	165
	403	268	200	198
Février....	340	228	172	151
	380	251	211	183
Mars......	388	306	172	171
	439	345	230	247
Avril......	422	304	221	202
	455	342	275	250
Mai	409	327	265	192
	446	402	306	248
Juin.......	371	383	263	195
	433	419	313	241
Juillet.....	388	342	227	189
	435	405	312	264
Août	407	349	269	294
	497	399	314	432
Septembre.	481	355	240	112
	559	422	317	259
Octobre ...	321	312	183	120
	507	372	264	187

	Val-de-Grâce	Gros-Caillou	Saint-Martin	Vincennes
	1874	1874	1874	1874
Novembre.	278	280	178	105
	324	341	200	107
Décembre..	309	275	165	117
	340	322	204	145

A l'inspection de ce tableau, on reconnaît les écarts considérables qui existent dans un même hôpital.

Ainsi nous remarquons :

	Nombres les plus élevés.	Nombres les plus bas.	Observations.
	1874	1874	
Val-de-Grâce	559	278	Variation du simple au double.
Gros-Caillou.....	422	255	
Saint-Martin.....	317	165	
Vincennes.......	432	105	de un à quatre.

Non-seulement ces variations sont considérables, mais encore elles se produisent quelquefois rapidement : ainsi, au Val-de-Grâce, le mois de septembre a produit le nombre de 559 malades, quand, deux mois après, en novembre, il n'y a eu que 278 malades. Mais ce n'est pas tout : s'il faut que la cuisine d'un hôpital militaire soit organisée pour la préparation des aliments destinés au nombre maximum des places fixées, il faut aussi qu'elle puisse subvenir aux besoins pressants et momentanés d'une épidémie ou d'une guerre, et s'il fallait disposer les cuisines à vapeur en raison de ces éventualités, ce n'est plus 48 à 50,000 francs, chiffre de dépenses indiqué par M. Corbin, mais bien de 60 à 80,000 francs dont il faudrait grever le budget des hôpitaux. Nous verrons qu'avec les fourneaux ordinaires, de grandeur suffisante et d'un prix inférieur, également rapportés par M. Corbin, on peut subvenir aux besoins d'un effectif double de celui qui est fixé comme maximum. Si maintenant nous ajoutons la nécessité d'allumer le fourneau ou les fourneaux ordinaires placés à côté des appareils à vapeur, pour y préparer les omelettes, les poissons, le foie et rognons sautés, les entremets sucrés, en un mot, les régimes réclamés par un grand nombre de malades, on verra, qu'obligé de tenir ce fourneau allumé une grande partie de la journée, les besoins de la préparation des régimes se faisant sentir presque à chaque heure du jour, la dépense du combustible augmentera singulièrement. Du reste, à cet égard, que l'on consulte les officiers d'administration, chargés du soin de faire tenir prêtes toutes choses prescrites à la minute fixée ; que l'on demande l'avis des bonnes sœurs, si dévouées, et placées à la tête de la cuisine des hôpitaux, et l'on verra que les personnes sur lesquelles tout repose, sont unanimes à déclarer que le projet proposé par M. le capitaine Corbin est totalement inadmissible pour les établissements hospitaliers de la guerre. Il est inutile de nous arrêter au motif de l'élévation sensible de la température dans les cuisines ordinaires des hôpitaux militaires. Cette objection n'est pas sérieuse ; en effet, qui ne sait que ces cuisines sont généralement bien aérées ; pour celles qui ne le seraient pas suffisamment, il est facile d'établir la ventilation par une trape, pratiquée dans la cheminée où l'on allumerait un bec de gaz, pour activer le tirage. D'ailleurs, cette objection tombe d'elle-même, si l'on adopte les fourneaux construits de façon à ne pas émettre par le rayonnement du calorique par les côtés, et abandonnant le calorique que fournit le dessus aux marmites ou aux autres objets à chauffer.

M. le capitaine Corbin continue cependant, et ajoute :

Centralisation des différents services. — Dans la plupart des hôpitaux militaires de France, les cuisines Egrot pourront être substituées avec avantage et sans modifications à l'état des lieux, aux fourneaux actuels, lorsqu'ils seront hors de service ; et même, dans certains cas, qui sont encore assez fréquents, il sera possible de remplacer les fourneaux de tisanerie et de pharmacie par des bassines à vapeur chauffées par le même générateur que celles de la cuisine, et cela toutes les fois que les deux services ne seront pas distants l'un de l'autre de plus de 50 à 60 mètres. On placerait alors les chaudières à proximité de la cuisine, et la vapeur se rendrait à la pharmacie par des conduites métalliques, enveloppées d'une substance isolante pour empêcher les condensations, et assez plastiques pour permettre la dilatation du métal. Là, comme à la cuisine, le service serait infiniment plus commode. On n'aurait plus à craindre de brûler les sirops ; il suffirait de laisser passer un léger filet de vapeur sous le bain-marie des cataplasmes, pour tenir ceux-ci constamment prêts, sans entretenir de feu ; enfin, on pourrait, à un moment donné de la journée, préparer, pour ainsi dire instantanément, une tisane quelconque, en raison de la rapidité déjà signalée avec laquelle on obtient l'ébullition de petites quantités de liquide.

Puis M. Corbin indique la façon dont les bâtiments devraient être disposés pour rapprocher du générateur, la cuisine, les bains, la buanderie, la pharmacie, et toujours, en ne considérant point la question *pécuniaire*, ni même la possibilité du serivce dans de semblables conditions, il conclut à l'avantage de l'emploi de la cuisine à vapeur, sans autre souci que celui de la réalisation de *son projet*.

D'abord la cuisine, la pharmacie et la buanderie sont souvent placées dans des ailes différentes des bâtiments de l'hôpital, et cela pour des raisons d'hygiène et de service ; en outre, l'apparente économie de combustible résultant du chauffage des bassines, marmites, bains-marie, alambics d'une pharmacie, par la vapeur, n'existe réellement pas, attendu que non-seulement par la distance à parcourir dans les tuyaux, mais encore par la petite quantité exigée pour le chauffage modéré des appareils, la vapeur éprouvera de la déperdition de calorique, de la détente et de la condensation abondante ; et le filet de vapeur indiqué ci-dessus, coûterait plus cher à produire que le feu doux et couvert d'un petit foyer au charbon.

Nous devons cependant faire remarquer qu'au lieu de dépenser de 60 à 80,000 fr. pour l'installation des services de cuisine, pharmacie bains et lessivage d'un hôpital avec le système à vapeur, comme le veut M. Corbin, l'Etat ne dépensera, pour les mêmes services, avec de bons appareils ordinaires, que juste moitié moins. Nous le prouvons.

M. le capitaine du génie Corbin, pour établir des comparaisons entre le système de cuisine à vapeur et le mode ancien de cuisine au charbon, a nécessairement pris les appareils de M. Egrot les plus perfectionnés, mais il n'a pas fait de même pour les appareils ordinaires des autres constructeurs. Pour ces derniers, il a fait des observations, ou sur des appareils de maisons de second ordre, ou sur des appareils de bonnes maisons, mais de fabrication ancienne, étant loin d'avoir les perfectionnements de ceux qui sortent aujourd'hui des mêmes ateliers.

Les termes de comparaison n'étant pas de valeur égale, chacun dans son genre, il devait arriver à des conclusions complétement fausses. Rétablissons l'égalité dans la situation.

Il existe en France plusieurs maisons honorables, et très-importantes, de fabrication d'appareils de cuisine au charbon de terre. Plusieurs des chefs de ces maisons sortent des écoles spéciales ; ils ont la science, et ils sont entourés de leurs prédécesseurs ou de contre-maîtres et ouvriers déjà anciens dans les ateliers, ce qui constitue leur valeur pratique.

Nous ne prétendons pas dire pourtant qu'il n'y ait plus de perfectionnements à réaliser ; la loi inflexible du progrès nous dit le contraire. Tous les jours des besoins nouveaux se créent ou se manifestent, et à ces besoins doivent correspondre des satisfactions nouvelles.

Plusieurs établissements de fabrication de fourneaux de cuisine marchent, pour ainsi dire, sur le même plan ; mais dans cette partie, comme dans toutes celles des industries diverses, les chefs de ces établissements ne suivent pas exactement la même voie. Selon les aptitudes particulières, les études favorites, les observations ou les pratiques antérieures, chacun d'eux dirige ses vues de préférence sur l'une des ramifications de la même industrie. C'est ce qui fait que, malgré la lutte incessante qu'ils se livrent dans la recherche des affaires, ces hommes, bien que concurrents, sont en très-bonnes relations ; c'est que l'un quelconque d'entre eux reconnaît, sans difficulté, la plus grande valeur des autres dans une spécialité différente. Aussi, proclamer la supériorité d'une maison de construction sur une autre, à cause des changements apportés aux appareils de même nature, mais applicables à tels services plutôt qu'à tels autres, ce n'est amoindrir aucune d'elles. A chacun son lot dans le partage des commandes nombreuses et variées des acheteurs. Nous ne craignons donc point d'être taxé de partialité, en déclarant que la maison Boutier, de Lyon, aujourd'hui Arto et Cie, est celle qui a su réaliser, par suite de ses attentives observations et aussi par les applications des principes des sciences physique et mécanique à ses appareils, les plus grandes améliorations aux fourneaux de cuisine destinés aux hôpitaux militaires et à leurs analogues.

Ce n'est pas d'aujourd'hui que cette maison est considérée, avec infiniment de motifs, comme étant la première de son genre. Nous n'appuyons pas notre opinion sur des faits isolés, c'est sur des milliers d'exemples, vus ou certifiés, que nous la basons. Ainsi, nous relatons, entre autres, ce qui suit :

1° L'an mil huit cent soixante-et-un, le 5 mai, à une heure de l'après-midi,

Nous, soussigné, Demange, sous-intendant militaire, suppléant notre collègue M. Hugues, empêché, chargé de la surveillance administrative des établissements hospitaliers de la place d'Alger ;

Vu la dépêche ministérielle du 10 décembre 1860, approuvant la construction d'un fourneau économique de cuisine du système Boutier, pour l'hôpital militaire du Dey ;

Vu le marché ;

Vu le plan annexé à ce marché ;

Informé par M. Girard, officier d'administration, comptable de l'hôpital militaire du Dey, que l'appareil dont il s'agit était complétement installé et fonctionnait régulièrement depuis plusieurs jours,

Nous nous sommes transportés à cet établissement, avec M. Demoulin, capitaine du génie, délégué par M. le Chef de service du génie de la place d'Alger, à l'effet de procéder à la réception de cet appareil ;

Où étant, nous avons trouvé M. Girard ;

M. l'Officier comptable Girard nous a, d'ailleurs, déclaré que l'économie de combustible réalisée depuis l'installation du fourneau Boutier, s'élève à plus de 4 fr. par jour. Nous croyons devoir consigner ici ce renseignement, pour justifier les assertions précédemment émises dans les diverses conférences préparatoires qui ont eu lieu pour démontrer les avantages qui doivent résulter de l'amélioration demandée. De tout ce que dessus, nous, sous-intendant militaire susdit, avons rapporté le présent procès-verbal que les personnes y dénommées et qualifiées ont signé avec nous après lecture.

Fait et clos à l'hôpital militaire du Dey, à Alger, les jour, mois et an que d'autre part.

Le capitaine de génie délégué,
Signé : Demoulin.

L'officier d'administration comptable,
Signé : Girard.

Le sous-intendant militaire,
Signé : Demange,

Pour copie conforme à l'original :
Signé : G. Urich.

2° L'an mil huit cent soixante-deux, le trente du mois de janvier,

Nous, Jean-Thimothée Airolles, sous-intendant militaire de Lyon ; Doucet, capitaine de génie ; Pierron, officier d'administration principal ;

Nous nous sommes réunis audit établissement, à l'effet de procéder à la remise à l'administration d'un fourneau établi pour les besoins de la cuisine, par les sieurs Boutier et Cie ;

Après avoir reconnu que ce fourneau, qui marche depuis le quatre de ce mois, réunit toutes les conditions voulues pour assurer un bon service et en faciliter l'exécution ; et que, en outre, il produit dans la consommation de combustible une économie journalière de quarante kilogrammes de charbon de terre ;

Nous avons constaté sa remise à l'administration de l'hôpital militaire.

Fait à Lyon, les jour, mois et an que dessus.

Signé : PIERRON, DOUCET, AIROLLES.

3° Procès-verbal d'examen et de réception du fourneau économique de pharmacie, livré et installé à l'hôpital du Dey par la maison BOUTIER ET Cⁱᵉ, *de Lyon.*

L'an mil huit cent soixante-trois, le vingt-huit mai, à une heure de l'après-midi,

Nous, Legros (Louis-Victor), adjoint à l'intendance militaire, délégué par M. Pironneau, sous-intendant militaire chargé de la surveillance des établissements hospitaliers de la place d'Alger,

Et Decoux, capitaine du génie, délégué par M. le commandant chef du génie de la place d'Alger ;

Vu la dépêche ministérielle du 29 novembre 1862, approuvant la construction d'un fourneau économique de pharmacie du système BOUTIER, pour l'hôpital militaire du Dey ;

Vu le marché ;

Vu le plan annexé ;

Informés par M. Coytier, officier d'administration, principal comptable de l'hôpital militaire du Dey, que l'appareil dont il s'agit était complétement installé le 12 mai courant et fonctionnait régulièrement depuis ce jour en n'employant que de la houille, sauf dix kilogrammes de bois à brûler, qu'il faut encore y consumer par jour jusqu'à la réception prochaine d'un appareil à cataplasme en appropriation chez un chaudronnier,

Nous nous sommes transportés à cet établissement avec M. Million, pharmacien principal, chef du service pharmaceutique, audit hôpital, à l'effet de procéder à la réception de cet appareil, où étant, nous avons trouvé MM. Coytier, sus-qualifié, et le représentant de la maison Boutier et Cⁱᵉ, réunis sur notre invitation.

Nous avons ensuite procédé, de concert avec M. le capitaine du génie Decoux, à un examen détaillé de toutes les parties de l'appareil ; après avoir constaté avec soin que les clauses et conditions du marché précité ont été scrupuleusement remplies et après avoir reçu de MM. Million et Coytier l'assurance que cet appareil fonctionne bien et que le personnel de la pharmacie est suffisamment initié à la conduite de ses foyers, nous en prononçons l'admission définitive.

M. Coytier nous a d'ailleurs déclaré que l'économie de combustible réalisée par l'installation du fourneau Boutier doit être ainsi évaluée :

	Ancien Fourneau en maçonnerie	Fourneau Boutier en fer et fonte
Consommation moyenne par jour { bois à brûler 75 k.		
houille...		40 k.
Ces consommations doivent doubler les jours de distillation d'eau ordinaire, six jours par mois, soit par jour, résultat moyen	15	8
Ensemble par jour	90 k.	48 kᵒˢ
Prix du bois à brûler, 9 mèt.	5 f. 23	
Prix de la houille		3 f. 04
Dépenses par jour	2 f. 91	

La réduction de dépenses entre la main-d'œuvre diminuée et le meilleur service est donc de :

Soit par jour		1 f. 45
Et par année		529 25

Nous croyons devoir consigner ces renseignements, justifiant pleinement les prévisions des conférences préparatoires qui ont eu lieu pour démontrer les avantages qui devaient résulter de l'amélioration proposée (notamment le procès-verbal du 18 mars 1859), demandant aussi la substitution de la houille au bois à brûler, pour les bains, la buanderie de l'hôpital du Dey.

De tout quoi, etc.

<table>
<tr><td>Le Pharmacien principal,
Signé : MILLION.

Le Capitaine de génie, délégué,
Signé : DECOUX.</td><td>L'Officier d'administration,
principal comptable,
Signé : COYTIER.

L'Adjudant à l'Intendance
militaire, délégué,
Signé : LEGROS.</td></tr>
</table>

4° Procès-verbal destiné à constater les avantages économiques des fourneaux installés à l'hôpital militaire de Blidah, par la maison BOUTIER & Cⁱᵉ, de Lyon.

Nous, soussignés, de Cappe, sous-intendant militaire de 2ᵉ classe, et Denfert-Rochereau, chef de bataillon du génie en chef, avons constaté comme il suit les avantages du fourneau de cuisine, installé par la maison BOUTIER et Cⁱᵉ, à l'hôpital militaire de Blidah.

Le service de la cuisine s'effectuait à l'aide d'un potager et de quatre fourneaux, dont trois pour la cuisson du bouillon et des légumes, et le quatrième pour l'eau chaude nécessaire aux salles des malades et au lavage des ustensiles de cuisine.

Pour un effectif de 106 malades, la consommation journalière en quintaux métriques de bois était :

Pour le potager...........................	3 k.	500
Pour les 4 fourneaux ensemble.............	1	500
Total........	5	000
Pour ce même effectif, la consommation du fourneau BOUTIER et Cⁱᵉ a été de........................	1	800
Différence en moins........	3 k.	200

Comme le bois coûte à Blidah 2 fr. le quintal métrique, la dépense journalière de combustible s'est trouvée réduite de 6 fr. 40 aussitôt après l'installation du fourneau BOUTIER ET Cⁱᵉ; les 6 fr. 40 doivent être regardés comme une évaluation minimum des économies que l'on doit espérer, car l'effectif moyen des malades de Blidah est très-supérieur à 106 et les avantages du nouvel appareil augmentant avec l'effectif.

L'ensemble des frais de toute nature (prix d'achat et travaux accessoires) qu'a entraînés l'installation du fourneau BOUTIER ET Cie s'élève à 7,000 fr. environ, l'économie d'une seule année calculée à 6 fr. 40 par jour donne une somme de 2,336 fr., qui représente plus des 0,33 de la dépense totale ; ce qui est certainement un très-bon résultat.

Fait à Blidah, le 31 août 1863.

Le Chef de Bataillon du génie en chef,

Signé : DENFERT-ROCHEREAU.

Le Sous-Intendant militaire,

Signé : CAPPE.

5° L'an mil huit cent soixante-six, le quinze mars,

Nous, soussignés, Rousseau, lieutenant-colonel chef du génie ; Boulanger, sous-intendant chargé du service de l'hôpital militaire,

Nous sommes rendus à l'hôpital militaire à l'effet d'examiner le nouveau fourneau fourni par M. Boutier ; nous avons reconnu d'après les renseignements fournis par M. Antonini, officier comptable de l'hôpital militaire, que le fourneau fonctionne convenablement, en ce qui concerne la cuisson des aliments et l'économie du combustible, qui est de 267 fr. par mois (3,204 par an).

Fait à Oran, le 15 mars 1866.

Signé : ROUSSEAU et ANTONINI.

6° L'an mil huit cent soixante-six, le quatorze avril,

Nous, soussignés, Heuvrier, chef de bataillon du génie, et Boissonnet, adjoint de 1re classe à l'intendance militaire, chargé des services administratifs de la place de Batna,

Nous sommes rendus à l'hôpital militaire à l'effet d'examiner les nouveaux fourneaux fournis par MM. BOUTIER ET Cie ; nous avons reconnu d'après les renseignements fournis par MM. Aveline, pharmacien en chef, et Rossin de Laferrière, officier comptable dudit hôpital, que le fourneau de la cuisine et celui de la pharmacie fonctionnent convenablement, en ce qui concerne la cuisson des aliments, des tisanes et autres objets de service et l'économie du combustible.

Fait à Batna, le 14 avril 1866.

Signé : BOISSONNET et HEUVRIER.

Nous pourrions étendre considérablement la liste de ces certificats, car la maison Boutier fournit tous les ans un nombre fort respectable d'hôpitaux militaires, mais cela ne servirait de rien à notre démonstration ; citons-en seulement quelques-uns d'établissements civils et religieux.

1° Je, soussigné, directeur des Frères de la Croix à Bourg (Ain), déclare qu'en octobre 1854 M. Boutier a établi dans notre cuisine un fourneau isolé de 2^m sur 1^m 10, lequel se compose d'un bouilleur, etc.

Le foyer de ce fourneau va par un conduit latéral et souterrain chauffer une chaudière éloignée de 4^m, et revient par un plan incliné, prendre à une hauteur de 3^m 30 la cheminée, éloignée à sa base de 2^m 50 dudit foyer.

J'atteste que le tout fonctionne très-convenablement et qu'il y a grande facilité dans le service, et économie de temps et de combustible.

Je dois même ajouter que l'odeur désagréable que produit le lignite en combustion n'est point aperçue près de ce fourneau, ce qui constate un tirage soutenu et régulier.

Bourg, le 21 juillet 1855.

Signé : BLOMBET.

2° Tant que nous n'avons pas eu l'expérience du fourneau que vous avez établi dans notre cuisine, nous n'avions le droit ni de nous plaindre ni de nous louer.

Maintenant qu'elle est acquise, ce fourneau fonctionne depuis 3 ans, l'équité demande que nous vous adressions nos sincères félicitations.

Nous l'avons successivement chauffé au bois, à la houille, au lignite, toujours il a répondu à notre appel. Les conditions dans lesquelles il a été fabriqué sont tellement heureuses que, jusqu'à présent, il n'a pas subi de dérangements.

Cependant, si vous vous le rappelez, il est dans les plus grandes dimensions, devant fournir à une population de 500 personnes.

Nous avions à vous rendre ce témoignage qui vous honore, en révélant une probité consciencieuse, et l'excellente fabrication de vos produits.

J'ai l'honneur, etc.

Bourg.   Signé : Sœur Ste-Marthe.

3° Je, soussignée, Marie-Arsène, supérieure générale du couvent de la Présentation de Marie, au Bourg-Saint-Andéol (Ardèche),

Certifie que le fourneau à bouilleur et colonnes, fourni par M. Boutier, depuis près de trois ans, nous a pleinement satisfaites, soit pour l'économie de combustible, de temps et de peine, soit pour le bon emploi de ce système, et du placard-étuve qui se trouve gratuitement chauffé par la chaleur perdue de l'appareil.

Les avantages qu'il nous procure nous font regretter de ne pas nous en être pourvues plus tôt.

Fait à Bourg-Saint-Andéol, le 15 avril 1861.

Signé : Sœur Marie-Arsène, Supérieure.

4° M. Boutier, de Lyon, vient de placer dans notre monastère un fourneau de cuisine dont nous sommes satisfaits sous tous les rapports.

Par ses bonnes dispositions, par l'excellence et par le fini de sa confection, ce fourneau nous semble ne rien laisser à désirer.

Il offre une économie de combustible de soixante pour cent (60 °/°) par jour sur le fourneau qu'il a remplacé.

Le système de bouilleur qui y est adopté rend les plus grands services par la quantité d'eau chaude qu'il fournit et que l'on a sous la main pour toutes sortes d'usages, spécialement pour l'alimentation des marmites.

N.-D. d'Aiguebelle, 26 janvier 1866.

Signé : Le Cellérier, F. M.-J.-Baptiste.

5° Nous, soussignée, Supérieure générale des Petites-Sœurs des Pauvres, certifions que le fourneau économique fourni par MM. Boutier et Cⁱᵉ, nous satisfait sous tous les rapports ; il est économique pour le bois et offre de toute manière beaucoup de commodités et d'avantages.

La Tour-Saint-Joseph, près Rennes (Ille-et-Vilaine), ce 18 juillet 1860.

Signé : Marie-Augustine, supérieure.

Ce fourneau étant devenu insuffisant pour le personnel, qui a considérablement augmenté, un nouveau et très-important fourneau à bouilleur et chauffé au charbon de terre a été placé en 1874 ; l'ancien a été replacé à la ferme et sert à la cuisson des aliments du bétail.

6° J'atteste que le fourneau à colonne, que vous avez fourni à notre maison de la rue Saint-Jacques, possède tous les avantages que nous attendions.

Il est économique, ménageant en même temps le charbon, le temps et la peine. Il rend, par conséquent, le service de la cuisine plus facile et moins fatigant ; le placard-étuve est aussi une grande ressource ; il se trouve gratuitement chauffé et d'une température qui le rend on ne peut plus satisfaisant.

J'ai l'honneur d'être, etc.

Signé : Sœur Emmanuel, supérieure des Petites-Sœurs des Pauvres.

Nous pouvons ajouter que tous les établissements des Petites-Sœurs des Pauvres, en France et à l'étranger, sont pourvus des fourneaux Boutier.

Ajoutons encore quelques attestations :

7° Je, soussigné, économe du collége d'Annonay (Ardèche), atteste que le fourneau à bouilleur et à colonnes qui lui a été vendu par MM. Boutier et Cⁱᵉ, de Lyon, marche très-bien.

Je certifie, en outre, que par l'emploi dudit système, il y a économie de temps, de peine et de combustible.

En foi de quoi, etc.

Annonay, 27 avril 1861.

Signé : A. Actorie.

8° Je, soussigné, Directeur de l'hôpital civil d'Alger, certifie que le fourneau économique fourni par la maison Boutier, de Lyon, fonctionne depuis plus d'un an avec une régularité parfaite sans qu'il y eut eu besoin jusqu'ici d'aucune réparation. Les aliments se cuisent vite et bien, et l'économie du combustible est assez considérable, le service de la cuisine se fait beaucoup plus régulièrement et plus convenablement que par le passé.

Alger, le 15 mai 1861.

Signé : F. de Fauconnet.

Si l'on désirait avoir encore de plus amples et de plus récents renseignements, on pourrait s'adresser aux établissements fournis en 1874-75, hôpitaux militaires de Perpignan, Vichy, Bordeaux, les Invalides et Versailles, les Dames du Sacré-Cœur, de Moulins, Nancy et Paris, le lycée de Douai, le séminaire de Verdun, etc.

Hospices civils.

Lyon (Rhône).	Croix-Rousse, Lyon.	Aligre, Bourbon-Lancy (Saône-et-Loire).
Villefranche id.	Sourds-Muets, id.	Châteauroux (Indre).
Bourg (Ain).	Sourdes-Muettes, id.	Notre-Dame, Dijon (Côte-d'Or).
Gex id.	Ste-Catherine, Moulins (Allier).	
Dijon (Côte-d'Or).		
Barcelonnette (Basses-Alpes).	Ste-Elisabeth, Lyon.	Ste-Anne, id. id.
Chalon (Saône-et-Loire).	Privas (Ardèche).	Madeleine, Bourg (Ain).
Vichy (Allier).	Clermont-Ferrand (Puy-de-Dôme).	Quinze-Vingts, Paris.
Cusset id.		Epileptiques, La Teppe (Drôme).
Mende (Lozère).	Ambert id.	
Thiers (Puy-de-Dôme).	Antibes (Alpes-Maritimes).	Ste-Eugénie, Ste-Genis-Laval (Rhône).
Bourges (Cher).	Voiron (Isère).	
St-Bonnet-le-Château (Loire)	Nîmes (Gard).	Givors (Rhône).
Beaune (Côte-d'Or).	Nice (Alpes-Maritimes).	Bourg (Ain).
Cette (Hérault).	Neuville (Ain).	Langeac (Haute-Loire).
Antiquaille, Lyon.	Montluel id.	Issoudun (Indre).
Charité, id.	St-Joseph, Moulins (Allier).	Annonay (Ardèche).

Constantine (Afrique).	San José a Arenys de Mar (Espagne).
Philippeville id.	Malaga, id.
Bone, id.	

Hôpitaux militaires

Val-de-Grâce, Paris.
Briançon (Hautes-Alpes).
Lyon (Rhône).
Collinettes, à Lyon.

Pharmacie à Barrèges (Hautes-Pyrénées).
Antibes (Alpes-Maritimes).
Bourges (Cher).
Ecole de santé militaire, Strasbourg (Alsace)

Constantine, Afrique.	Batna, Afrique.	Marengo, Afrique.
Bône, id.	Orléansville, id.	Du Dey à Alger, id.
Oran, id.	Mostaganem id.	Sétif, id.
Philippeville, id.	Blidah, id.	
Mascara, id.	Aumale, id.	

Maisons de détention et Prisons.

Rognac (Bouches - du-Rhône).	Colonie agricole de Cîteaux (Côte-d'Or).	Dépôt central d'Arrach (Afrique).
Villette (Ain).	Dépôt de mendicité, Lons-le-Saunier (Jura).	
Villefranche (Rhône).		

Lycées.

Lyon (Rhône).	St-Étienne (Loire).	Bastia (Corse).
St-Rambert (Rhône).	Chambéry (Savoie).	Alger (Afrique).
Moulins (Allier).	Mâcon (Saône-et-Loire).	Constantine id.
Lille (Nord).	Douai (Nord).	Blidah, id.

Ecoles et Séminaires.

École normale, Albertville (Savoie).
— id. Rumilly (Haute-Savoie).
— id. Perpignan (Pyrénées-Orientales).
— d'Agriculture, La Saulsaie (Ain).
— St-Thomas-d'Aquin, Oullins (Rhône).
— Albert-le-Grand, Arcueil (Seine).
— Chrétiennes, Béziers (Hérault).
— id. Bourg (Ain).
— id. Pierrelatte (Drôme).
Pensionnat des Chartreux, Lyon (Rhône).
Orphelinat agricole, d'Aix (Bouches-du-Rhône).
Gymnase catholique, à La Chapelle-sous-Rougemont.
Maison des étudiants, à Nancy (Meurthe).
Pères Maristes, Montbel (Var).
Séminaire St-Brieuc (Côtes-du-Nord).

Séminaire Vaux (Jura).
— Bourges (Cher).
— Côte-St-André (Isère).
— St-Jodard (Loire).
— Strasbourg (Alsace).
— Vernoux (Ardèche).
— Largentière id.
— Ste-Foy-l'Argentière (Rhône).
— Alix id.
— Périgueux (Dordogne).
— Lons-le-Saunier (Jura).
— Tulle (Corrèze).
— Verdun (Meuse).
— Grasse (Alpes-Maritimes).
— Barcelonne (Espagne).
— Taragone id.
École chrétienne, Alexandrie (Égypte).
Séminaire de Kouba, près Alger (Afrique).

Communautés et Archevêchés.

Cercle catholique du Luxembourg, Paris.
Pères Dominicains, Coublevie (Isère).
Orphelinat des Missions, Bordeaux (Gironde).
Pères Jésuites, Yseure, près Moulins (Allier).
Pères Carmélites, Nice (Alpes-Maritimes).
Pères Dominicains, Flavigny (Côte-d'Or).
Pères Carmes-Déchaussés, Pamiers (Ariége).
Sœurs de la Présentation, Moulins (Allier)
— du Phénix, Roanne (Loire).
— de la Présentation, Châtel (Jura).
— Ursulines, Beaujeu (Rhône).
— de Saint-Joseph, Chartreux, Lyon (Rhône).
— de St-Joseph, Cheylard (Ardèche).
—   Id.   Lorette (Loire).
—   Id.   Tarare (Rhône).
— de Saint-Joseph Chazay-d'Azergues (Rhône).
— de St-Charles, Brignais (Rhône.)
—   Id.   Roanne (Loire).
—   Id.   Vaugneray (Rhône).
— de Saint-Vincent-de-Paul, Beaune (Côte-d'Or).
— Trinitaires, Marseille (Bouches-du-Rhône).
— Trinitaires, Saint-Martin-en-Haut (Rhône).
— du Sacré-Cœur, Annonay (Ardèche).
—   Id.   Beaune (Côte-d'Or).
—   Id.   Grandris (Rhône).
—   Id.   Chartreux, L y o n (Rhône).
— Ursulines, Pont-de-Beauvoisin (Rhône).
— Ursulines, Ste-Foy-lès-Lyon (Rhône).
—   Id.   Flavigny (Côte-d'Or).
— de St-François-d'Assise, aux Charpennes, Lyon (Rhône).

Sœurs Bénédictines, Pradine (Loire).
Providence des petites filles de soldats, Sathonay (Ain).
Providence des Orphelines, Bourg (Ain).
—   des Orphelins de Valence (Drôme).
—   des Orphelins de Dôle (Jura).
Bureau de Bienfaisance, Riom (Puy-de-Dôme).
Bureau de Bienfaisance, Nice (Alpes-Maritimes).
Sœurs de la Charité, Bourges (Cher).
— de Ste-Marthe, Dijon (Côte-d'Or).
— d'Annonay (Ardèche).
Religieuses de Nazareth, Oullins (Rhône).
Religieuses de Nazareth, Molsheim (Alsace).
Jeunes Incurables, Lyon (Rhône).
Sœurs du Sacré-Cœur, Villeurbanne, Lyon (Rhône).
— du Calvaire, Lyon (Rhône).
— de St-Vincent-de-Paul, Lyon (Rhône).
— du Val-Marie, Vermenton (Puy-de-Dôme).
— Trappinistes Spira de l'Agly (Pyrénées-Orientales).
— de la Retraite, St-Servan (Ille-et-Vilaine).
— de la Présentation, Bourg-St-Andéol (Ardèche).
— Ste-Anne, Morlaix (Finistère).
— Filles de la Croix, Loudéac (Côtes-du-Nord).
— de la Présentation, à la Teste-de-Buch (Gironde).
— de St-Vincent-de-Paul, St-Chamond (Loire).
— de l'Immaculée-Conception, Ozier (Isère).
— de la Providence, Vitteaux (Côte-d'Or).

Sœurs de Notre-Dame-des-Victoires, Lyon (Rhône).
— de Batant, Besançon (Doubs).
— de Notre-Dame-St-Augustin, Moulins (Allier).
— de la Visitation, Nice (Alpes-Maritimes).
— de St-Joseph, St-Vincent-de-Rheins (Rhône).
— de St-Charles, Couzon (Rhône).
— Dominicaines, Oullins (Rhône).
— du Sacré-Cœur, Nancy (Meurthe).
— des Filles de Marie, Lons-le-Saunier (Jura).
— de l'Assomption, Lyon (Rhône).
— de la Présentation, Bordeaux (Gironde).
— de Saint-Joseph, Martoret, près Thizy (Rhône).
— de St-Charles, Chasselay (Rhône).
— de la Présentation, à l'Argentière (Ardèche).
— Ste-Augustine, Béziers (Hérault).
— du Sacré-Cœur, Paris.
Orphelinat des Cinq-Plaies, Lyon (Rhône).
Sœurs Trinitaires, Alger (Afrique).
Orphelinat indigène, Kouba id.
Jésuites, Oran id.

Carmes-Déchaussées, Marquina (Espagne).
— Beyrouth (Syrie).
— N.-D. de Laghetto (Monaco).
Providence des Orphelines, Alger (Afrique).
Sœurs St-Vincent-de-Paul, Smyrne (Turquie-d'Asie).
— Saint-Vincent-de-Paul, Alexandrie (Egypte).
— du Sacré-Cœur, Chamartin, près Madrid (Espagne).
— du Sacré-Cœur, Saria, près Barcelonne (Espagne).
— de la Doctrine Chrétienne, Alger (Afrique).
— de la Doctrine Chrétienne, Constantine (Afrique).
— de la Doctrine Chrétienne, Philipville (Afrique).
— de la Visitation, Villarvernia (Italie).
Archevêché de Bourges (Cher).
— de Lyon (Rhône).
Evêché de Nice (Alpes-Maritimes).
Archevêché d'Alger (Afrique).
Sœurs de la Présentation, Milhau (Aveyron).
Jeunes Convalescentes, Epinay, près Paris.

Petites-Sœurs des Pauvres.

Avenue de Breteuil, 62, Paris.
Rue de la Chapelle, 15, Paris.
Rue St-Jacques, 77, Paris.
Rue N.-D.-des-Champs, Paris.
Becherel (Ille-et-Vilaine).
Rennes id.
Marseille (Bouches-du-Rhône).
Chartres (Eure-et-Loire).
Logelbach (Alsace).
St-Etienne (Loire).
Roanne id.

Lyon (Rhône).
Lyon-Croix-Rousse id.
Villefranche id.
Tarare id.
Agen (Lot-et-Garonne).
Béziers (Hérault).
Flers (Orne).
Bordeaux (Gironde).
Boulogne-sur-Mer (Pas-de-Calais).
Annonay (Ardèche).
Besançon (Doubs).

Cambrai (Nord).

Roubaix   id.

St-Dizier (Haute-Marne).

Amiens (Somme).

Nice (Alpes-Maritimes).

Angers (Maine-et-Loire).

Strasbourg (Alsace).

Troyes (Aube).

Reims (Marne).

Dijon (Côte-d'Or).

Perpignan (Pyrénées-Orientales).

St-Servan (Ille-et-Vilaine).

La Tronche (Isère).

Toulon (Var).

Metz (Lorraine).

Valence (Drôme).

Le Havre (Seine-Inférieure).

Nîmes (Gard).

Brest (Finistère).

Orléans (Loiret).

Tours (Indre-et-Loire).

Périgueux (Dordogne).

Caen (Calvados).

Nancy (Meurthe).

Clermont-Ferrand (Puy-de-Dôme).

Montpellier (Hérault).

Rouen (Seine-Inférieure).

Reims (Marne).

Poitiers (Vienne).

Dieppe (Seine-Inférieure).

Laval (Mayenne).

Birmingham (Angleterre).

Londres   id.

Manchester   id.

Antequera (Espagne).

Lorca   id.

Barcelonne   id.

Genève-Carouge (Suisse).

Malaga (Espagne).

Huesca   id.

Nous ne relatons pas des centaines d'hôtels, palais, châteaux, buffets de chemins de fer, etc., etc. Nous avons voulu vérifier par nous-mêmes un grand nombre de ces faits importants et nombreux ; nous devons déclarer y être parvenu complétement et sans avoir jamais rencontré la moindre observation désavantageuse.

Cependant, M. le capitaine Corbin, dans son mémoire, parle des fourneaux de la maison Boutier en termes tels, que si son travail devait être pris en sérieuse considération, il ferait à cette importante maison un tort incalculable.

M. Corbin, lorsqu'il a fait des comparaisons entre les fourneaux ordinaires et la cuisine à vapeur, ne s'est pas, selon nous, rendu un compte suffisamment exact de la valeur respective des appareils ; il aurait dû savoir que pour donner de la valeur à ses conclusions, il fallait mettre soigneusement une égalité aussi parfaite que possible dans les situations des objets comparés.

Dans son argumentation sur les appareils Egrot et les fourneaux de la maison Boutier, M. Corbin prend de cette dernière comme terme de comparaison le seul fourneau du Val-de-Grâce. Or, ce fourneau date de

16 ans ; il a été construit dans des conditions exceptionnellement défectueuses au point de vue de la consommation du combustible ; et au moment où M. Corbin l'a examiné, il avait été réparé par des mains étrangères à la maison Boutier, et que l'on peut appeler au moins inhabiles.

N'était-il pas facile de se dire : La maison Boutier, jouissant d'une grande réputation, a dû faire faire des progrès à sa fabrication, et ses fourneaux d'aujourd'hui doivent être supérieurs à ceux d'il y a 15 à 20 ans ?

Le fourneau du Val-de-Grâce, commandé pour le service de 1,800 personnes, ne fait que celui de 600 à 700 ; il n'a que trois foyers, alors que tous les fourneaux Boutier, même de dimensions moindres, sortant aujourd'hui de ses ateliers, en ont six et quatre au moins ; l'aménagement des parties intérieures est plus rationnel, mieux calculé qu'il ne l'était autrefois ; et enfin, les réparations faites depuis quelques années à ce fourneau du Val-de-Grâce l'ont été par des fumistes qui, ne connaissant pas l'appareil, l'ont, on peut le dire, complétement détérioré. C'est sur un appareil qui se trouve dans de semblables conditions que des chiffres ont été pris ; qu'un examen a été fait pour juger une maison et la condamner sans ménagement.

Heureusement, nous l'avons déjà dit, la clientèle de la maison Arto, tous les jours plus nombreuse, se base pour se faire une opinion et envoyer ses commandes sur des faits mieux observés.

Ce n'est que parce que ce fourneau a été détérioré, comme nous l'avons dit plus haut, par de mauvaises réparations, que M. Corbin a pu écrire :

« Cette différence de 12,000 fr. (différence entre le prix d'acquisition d'une cuisine à vapeur et celui d'un fourneau de cuisine et de pharmacie ordinaire) ne serait que difficilement amortie par les économies de combustibles, réalisables sur le fourneau Delaroche ; car, ceux-ci, du moins entre les mains de personnes fort soigneuses, brûlent relativement peu de charbon. »

Il n'en serait plus de même si nous faisions la comparaison avec les fourneaux des autres constructeurs : sur ceux du Gros-Caillou, on bénéficierait annuellement de 2,000 fr., ce qui amortirait en 7 ans et quelques mois cette somme de 12,000 fr. Au Val-de-Grâce, les avantages seraient bien plus considérables encore ; par l'adoption du chauffage à vapeur, la dépense du combustible à la cuisine et à la pharmacie serait réduite journellement de 1 fr. 75. Une observation de dix jours consécutifs, dit M. Corbin, pendant lesquels on nourrissait 643 personnes, dont 185 infirmiers et 4 sous-officiers ou médecins de garde, a donné les moyennes suivantes :

À LA CUISINE	Coke	320 Kos
	Bois	5 »
	Fagots	1 »
À LA TISANERIE ET A LA PHARMACIE	Houille	38 Kos
	Bois	126 »
	Charbons de bois	70 »
	Fagots	2 »

Aux bains, on brûle 400 à 500 kos de charbon, suivant le nombre de bains, qui varie de 80 à 110, et suivant qu'il y a ou qu'il n'y a pas de bains de vapeur, c'est-à-dire annuellement pour une somme de 6,478 fr., ce qui permettrait de payer, en moins de deux ans, les 11,000 fr. de différence entre le prix des fourneaux actuels, supposés neufs, et celui de la cuisine à vapeur.

Nous n'avons rien à reprendre à ce que dit notre contradicteur du fourneau du Gros-Caillou, sortant de la maison François Vaillant, car celui-ci est neuf, et doit avoir reçu tous les perfectionnements que cette maison a dû introduire dans ses appareils ; cependant, pour être juste, il faudrait s'assurer si l'hôpital de Metz pour lequel il a été construit au moment de la guerre, comportait le même service que celui du Gros-Caillou, où il a été placé, après le traité qui nous a arraché l'Alsace et la Lorraine. Pour celui-là, les observations peuvent être exactes, et les conséquences qui en sont tirées fort justes.

Mais en ce qui concerne le fourneau du Val-de-Grâce, il est impossible de laisser établir sans protestation, étant donné l'état dans lequel se trouve cet appareil, une comparaison permettant à M. Corbin de placer la maison BOUTIER ET Cie, qui a construit ce fourneau, au-dessous des autres maisons concurrentes citées par lui.

Si, en outre, nous ajoutons que, dans les établissements où est installée la cuisine à vapeur, la consommation du combustible, ainsi que les frais d'entretien des appareils, sont toujours portés dans le travail de M. Corbin, au-dessous de leur valeur réelle, comme il est facile de s'en rendre compte par les tableaux précédents, il devient inexplicable que ce qui suit soit sorti d'une plume si autorisée :

En résumé, écrit M. le capitaine du génie, en raison de ces considérations pécuniaires et de toutes celles que nous avons fait valoir plus haut, au sujet de la commodité du

service, remarquant en outre que, dans nos hôpitaux militaires, les fourneaux de cuisine et de pharmacie sont, de la part de MM. les officiers d'administration, l'objet d'une
attention toute spéciale, et qu'ils y sont dirigès soit par des sœurs, soit par des infirmiers ; en un mot, par des personnes plus soigneuses que des soldats, nous proposons
l'adoption du chauffage à la vapeur pour la cuisine, la tisanerie et la pharmacie de
tous les *hôpitaux de France*, et, quand cela sera possible, pour les bains, et même
pour la buanderie ; certain que là réside la solution du problème, depuis si longtemps
cherchée, qui consiste à trouver le système de fourneau le mieux approprié au service
des hôpitaux.

Peut-on être plus affirmatif que ne l'est le capitaine Corbin ? A l'en-
tendre, le système qu'il préconise doit économiser des millions au budget du ministère de la guerre, et nous sommes loin de partager son
avis.

En cela, nous sommes d'accord avec les officiers d'administration,
qui, forcés de préparer à l'heure prescrite les aliments au moyen de
ressources limitées, connaissent et apprécient à leur juste valeur les
bons appareils, fonctionnant régulièrement, capables d'être confiés aux
mains de tous les hommes dont ils se servent, et les préférant à des
nouveautés théoriques, conseillés sans motifs plausibles.

Aussi, de même que dans l'intérêt exclusif de la vérité, nous combat-
tons la cuisine à vapeur, et démontrons les avantages nombreux des
fourneaux au charbon sortant de bonnes maisons de construction, de
même nous sommes conduit par la force des choses à nous étendre
longuement à l'examen d'appareils sur lesquels son opinion est en contra-
diction avec celle d'un grand nombre de ses collègues, et un plus grand
nombre encore de personnes, aussi très-compétentes, n'appartenant pas
au génie militaire.

Examinant les fourneaux ordinaires, M. le capitaine Corbin s'exprime en ces termes :

Fourneaux mixtes. — Les fourneaux mixtes, avantageux au point de vue de la commodité du service, ont l'inconvénient grave de se détériorer facilement, surtout entre les
mains de cuisiniers peu soigneux et d'exiger pour leur réparation le concours d'ouvriers
habiles et spéciaux.

La chaleur y est bien utilisée, et le rayonnement plus grand que celui des fourneaux
de construction est beaucoup moindre que celui des fourneaux métalliques.

Ils sont plus coûteux comme installation et entretien que ceux des catégories précédentes (fourneaux de construction dits fourneaux de génie, et les fourneaux exclusive-

ment métalliques), et la dépense de combustible est sensiblement la même que celle des fourneaux métalliques. Le modèle de fourneau mixte le plus répandu est celui de la maison Boutier, de Lyon, qui fut adopté pour la plupart des hôpitaux militaires de l'Algérie, pour quelques-uns de France, et en particulier pour celui du Val-de-Grâce, à Paris.

Un grand nombre d'inspecteurs généraux se sont prononcés formellement contre l'emploi de ces appareils dans les petits hôpitaux ; quelques-uns sont d'un avis contraire ; on leur reproche surtout la facile détérioration des bouilleurs.

Au sujet des fourneaux mixtes, le comité conclut ainsi qu'il suit :

« Les fourneax en métal avec garniture intérieure en briques réfractaires et foyers
« indépendants, semblent être ceux auxquels il convient de donner la préférence dans
« les hôpitaux des places de France ; mais il paraît difficile, vu le peu de précision des
« renseignements que l'on possède sur chacun des modèles en service, de se prononcer
« sur la valeur relative de ces divers modèles. Pour établir un classement, il serait né-
« cessaire de soumettre les systèmes divers à des expériences comparatives dans
« lesquelles on aurait égard : 1° à l'importance et aux mouvements habituels de l'ef-
« fectif de l'hôpital auquel l'appareil serait destiné ; 2° au nombre de foyers et à celui
« des marmites ; 3° aux dispositions intérieures ; 4° au prix d'achat ; 5° à la dépense
« d'entretien ; 6° à la nature, à la quantité et au prix du combustible consommé jour-
« nellement. Ces expériences devraient être faites par les services administratifs, qui s'y
« trouvent directement intéressés. »

Au moment où nous faisions ces études sur les fourneaux de cuisine, et avant que le comité se fût prononcé sur cette question, nous avons cherché par des observations directes à répondre à une partie du programme ci-dessus, que nous nous étions posée ; malheureusement, les points de comparaison n'ont pas été très-nombreux. Des Invalides, des hôpitaux militaires de Paris, de Vincennes et de Versailles, le Val-de-Grâce est le seul qui possède un fourneau mixte ; il est, avons-nous dit, du système Boutier. Les hôpitaux civils et autres établissements de l'assistance publique sont pourvus de fourneaux métalliques système Baudon, ou de cuisines à vapeur ; les autres fourneaux mixtes importants et que nous avons trouvés installés dans de bonnes conditions sont ceux construits par M. Delaroche aîné (rue Bertrand, 22), l'un aux ateliers du chemin de fer d'Orléans, l'autre chez les Sœurs de Saint-Vincent-de-Paul, rue du Bac, à Paris.

Le premier, qui est en service depuis dix ans (après l'exposition de 1867), est beaucoup plus important que ceux que l'on peut établir dans un hôpital militaire ; le second est posé depuis un an à peine dans un établissement où le personnel à nourrir est à peu près constant comme nombre, si ce n'est au moment de la retraite des religieuses, où cet effectif est subitement doublé pour une période de un mois ou deux. Ce dernier modèle, de M. Delaroche, dont on a demandé la construction à l'hôpital militaire de Versailles, comporte quatre foyers, dont deux chauffent une plaque de coup de feu et deux marmites de 300 litres en cuivre ou en fonte polie à volonté, deux fours et deux étuves ; les deux autres ne desservent que deux marmites de même capacité que les précédentes. Au centre sont deux grands bassins de 500 litres chacun, pouvant être chauffés par deux foyers ou par l'un d'eux.

En temps ordinaire, on ne doit se servir que de deux des foyers, les deux autres sont là pour le cas des réparations comme nous l'avons expliqué à propos des fourneaux de construction. Malgré le peu d'étendue de nos observations à la suite de l'examen que nous avons fait des fourneaux Delaroche et de celui du Val-de-Grâce, et d'après les renseignements que nous avons recueillis sur le fourneau construit en 1871, par M. Boutier, à l'hôpital militaire de la *Nouvelle Douane, à Lyon*, nous croyons pouvoir formuler les conclusions suivantes :

1° Les fourneaux Delaroche sont les mieux disposés, les plaques de coup de feu y étant plus vastes que dans les autres ; 2° à égale importance, ils sont également coûteux comme installation, mais la fabrication de M. Delaroche est supérieure à celle de M. Boutier, d'où résulte ; 3° une diminution de frais d'entretien, en faveur des fourneaux Delaroche, ainsi que le prouve l'observation des faits au chemin de fer d'Orléans et au Val-de-Grâce ; 4° ces derniers consomment beaucoup moins de charbon de terre par foyer, celui de Lyon brûlant en moyenne 150 k. par jour, alors que celui de Saint-Vincent-de-Paul, dans les mêmes circonstances, n'en exige que 125 k. 50. Enfin, au point de vue de la commodité du service et de la chaleur rayonnée, le fourneau Delaroche aurait la priorité sur tous les autres systèmes usités jusqu'à ce jour, excepté cependant la cuisine à vapeur, si l'on en croit, du moins, la sœur de Saint-Vincent-de-Paul, chargée de la cuisine dans l'établissement de la rue du Bac, et qui, pendant 25 ans, eut, dans plusieurs hôpitaux militaires, la direction de fourneaux de divers modèles.

En résumé, laissant de côté les petites places de Corse ou d'Algérie, dans lesquelles les ouvriers spéciaux font complétement défaut, nous croyons : 1° que, malgré la différence du prix de première installation, les fourneaux mixtes doivent avoir la préférence sur les appareils métalliques ou de construction, en raison de la commodité du service, du peu de chaleur rayonnée et des économies de combustile ; 2° que, par suite des avantages signalés plus haut, et vu l'égalité d'achat, les fourneaux Delaroche doivent être adoptés de préférence aux fourneaux Boutier ; 3° que, quel que soit l'accroissement de dépense qui en résulte, on doit construire des fourneaux mixtes avec des foyers de rechange pour faciliter les réparations.

Quant à ce qui est des foyers indépendants, pour lesquels le comité s'est de tout temps prononcé, chaque fois que la question lui a été posée, nous sommes d'un avis, non pas opposé, mais différent.

Bien que la chaleur soit beaucoup mieux utilisée dans le cas où un foyer chauffe plusieurs marmites, il peut arriver, en effet, qu'au bout d'un temps déterminé, par suite de variations sensibles d'effectif, il y ait économie à moins bien utiliser le combustible et à ne chauffer que des marmites isolées. Mais, dans tous les hôpitaux militaires, on prépare le matin des régimes, un bouillon maigre, un ragoût ; le soir des régimes, un bouillon gras, un plat de légumes ; il y a donc toujours en service simultanément un ou deux fours, soit pour le repas des officiers, soit pour les convalescents, deux marmites de 200 à 300 litres et une plaque de coup de feu.

Aussi proposons-nous de composer un fourneau d'hôpital d'un premier foyer chauffant une plaque, deux marmites, deux fours, deux étuves, puis de deux petits foyers indépendants, chauffant chacun une marmite de 200 à 300 litres, celles-ci ne devant servir que quand l'hôpital serait au complet. Dans le cas où il s'agirait d'un fourneau mixte et où, pour faciliter les réparations beaucoup plus que parer aux éventualités (car, dans les hôpitaux on ne doit jamais mettre plus de malades que n'en comporte l'assiette du logement), on adopterait le principe du doublement, il suffirait d'avoir un quatrième foyer semblable au premier, les deux marmites isolées ne devant que bien rarement fonctionner ensemble, et pouvant suppléer l'une à l'autre, dans le cas de réparation survenant au moment d'un accroissement de personnel.

Nous estimons à 9,000 fr. le prix de revient, mis en place, d'un semblable fourneau à trois foyers dont deux petits, y compris les marmites ; et à 12,500 ou 13,000 fr., celui d'un fourneau de quatre foyers.

Reprenons, l'une après l'autre, les observations, allégations et conclusions de M. Corbin.

Comme le dit fort bien cet officier, les fourneaux mixtes sont les plus avantageux au point de vue de la commodité du service ; la chaleur y est mieux utilisée, le rayonnement moins grand que celui des fourneaux exclusivement métalliques ; leur construction est très-rationnelle : en effet, les surfaces à cuisiner sont suffisamment spacieuses pour la confection des régimes, les revêtements intérieurs en briques empêchent le rayonnement calorifique toujours nuisible aux cuisiniers, les passages de feu sont établis dans de bonnes et convenables proportions et la chaleur bien emprisonnée est utilisée de façon à ce que le chauffage des marmites et des fours, celui de la plaque de dessus s'opèrent dans d'excellentes conditions ; aussi, pour un service donné, commodément exécuté, la dépense du combustible y est-elle moindre que dans les fourneaux de toutes les autres catégories. Mais il n'est pas exact de dire qu'ils se détériorent plus facilement que les fourneaux de construction en briques ou uniquement en métal, des centaines d'exemples prouvent le contraire ; en outre, tous les ouvriers, pourvu qu'ils soient attentifs et tant soit peu habitués au travail du fer, les réparent tout aussi bien qu'ils réparent les autres ; le prix d'installation et d'entretien de ces excellents appareils n'est pas plus élevé que celui des autres systèmes, nous en donnerons la preuve dans un instant.

Comme le dit encore très-justement M. Corbin, le modèle de fourneau mixte le plus répandu est celui de la maison Boutier, de Lyon, qui, comme on l'a vu par quelques certificats de réception et la liste de fournitures cités plus haut, est uniquement adopté pour les hôpitaux de l'Algérie et ceux d'un grand nombre de places de France.

Quant au fourneau du Val-de-Grâce, pris comme objet de comparaison, nous avons déjà dit qu'il avait été commandé pour un service de 1,800 personnes, et qu'il ne sert réellement que pour un effectif de 650 à 700 ; il est donc d'une grandeur démesurée, ce qui occasionne nécessairement une perte de chaleur considérable. De plus, ce fourneau, avec ses dimensions, n'ayant que trois foyers, s'il sortait aujourd'hui des ateliers de MM. Arto et Cie, aurait au moins six et peut-être huit foyers répartis sur le pourtour ; aussi est-il d'une alimentation en charbon presque aussi exigeante pour un effectif minimum que pour un maximum. Ajoutons qu'à l'époque de sa construction, en 1862, aucun industriel n'aurait voulu essayer d'en établir un semblable.

Nous répéterons encore une fois que ces appareils, composés de pièces se montant et se démontant avec une grande simplicité, peuvent être réparées par tous les ouvriers connaissant tant soit peu le travail des métaux, surtout si, comme l'indique le simple bon sens, en démontant les pièces, on prenait le soin d'examiner leur agencement et leur liaison des unes avec les autres ; et vraiment, pour avoir détérioré le fourneau du Val-de-Grâce, comme on l'a fait dans une réparation, il faut ou n'avoir pas pris la moindre précaution indiquée, ou avoir voulu, de parti pris, le rendre inserviable en peu de temps. En effet, lorsqu'on examine la plaque de fonte de dessus, on s'aperçoit qu'elle baisse au milieu et que, séparée de l'entourage, elle laisse des intervalles par où se perd une grande quantité de chaleur ; de plus, cette plaque n'étant plus retenue aux autres pièces avec lesquelles elle était intimement liée par des crampons, s'est forcément cassée. Du reste, la maison répond de la valeur de ses pièces de fonte, toutes sortant de la fonderie faisant partie de son établissement. C'est certainement la seule maison fondant elle-même et ayant conservé pour les pièces subissant la dilatation et la contraction continuelles la fonte au bois. Et non-seulement elle a sa fonderie, mais elle possède des ateliers variés où elle fabrique par elle-même toutes les parties de ses appareils. Elle a parfaitement raison d'en agir ainsi, car, autrement, quelle confiance aurait-elle dans la fonte sortant d'une fonderie étrangère, qui livrerait des pièces tirées d'une coulée générale, sans s'inquiéter si telle doit être plus dure et sèche, telle autre plus douce, moins cassante ; en un mot, si telle ou telle doit être plus ou moins résistante au feu. Assurément, la façon de procéder de la plupart des autres maisons est plus économique ; mais ces dernières ne peuvent garantir d'une manière aussi certaine la qualité de leurs matières, comme peut le faire la maison Boutier, Arto et Cie.

M. Corbin reproche aux bouilleurs d'être difficiles à réparer, nous ne savons vraiment pas pour quels motifs il fait ce reproche, attendu qu'il suffit d'enlever un panneau du fourneau, maintenu par 4 boulons, de démonter le trou d'homme du bouilleur et de le détartrer comme on le fait à tous les générateurs de vapeur de la plus élémentaire construction. Malgré cette simplicité, plusieurs bouilleurs des fourneaux Boutier, placés dans les hôpitaux d'Algérie, n'ont jamais été détartrés et quelques-uns même, par suite de cette négligence, sont en partie brûlés.

Ici peut prendre place une observation très-importante, elle consiste à confier aux officiers d'administration le soin de l'entretien des fourneaux comme on leur confie l'entretien de tous les objets mobiliers des hôpitaux. On éviterait ainsi des graves et coûteuses détériorations des appareils de cuisine, que causent les lenteurs administratives forcément apportées par le service du génie. Ne conçoit-on pas, en effet, que les officiers d'administration, plus directement intéressés au fonctionnement régulier des fourneaux que les officiers du génie, qui ne peuvent, du reste, considérer les réparations des fourneaux que comme des détails sans importance, soient plus prompts à faire exécuter une légère réparation qui, négligée, entraîne vite une grande détérioration.

Nous ajouterons, d'ailleurs, que la maison Boutier a encore apporté récemment, de sérieuses améliorations à la construction des bouilleurs de ses fourneaux.

A l'époque où ont été construits les fourneaux à bouilleurs dont parle M. Corbin, la maison Boutier était la seule à les fabriquer. Certains fabricants en construisent aujourd'hui, qu'ils donnent comme une nouveauté. Ils profitent de tous les perfectionnements que la maison Boutier a trouvés précédemment.

Avec toutes les améliorations apportées aux fourneaux à bouilleurs, ces appareils sont devenus usuels. Quant à leur réparation, le premier manœuvre venu, pourvu qu'il sache tourner huit boulons et refaire un joint, peut opérer ce travail sans la moindre difficulté. Cependant, pour être tout-à-fait d'accord avec la vérité, ajoutons que tous les bouilleurs, quand ils sont en bon métal, d'une épaisseur suffisante et parfaitement étanches, résistent excessivement longtemps à l'usure et peuvent durer 20 et 30 ans, sans aucune réparation ; mais à une condition, pourtant, c'est qu'ils ne resteront pas vides, comme sont restés ceux de fourneaux placés dans des maisons très-négligentes ; on le conçoit alors, aucun vase en métal ne peut résister à l'action de la chaleur, l'eau de l'intérieur ne venant faire obstacle à sa destruction par le feu. Cette négligence se produit quelquefois dans les localités où le réservoir d'alimentation est rempli à la main, soit au moyen d'un seau, soit au moyen d'une pompe ; si l'on n'a pas le soin d'examiner le niveau d'eau du réservoir, et qu'il reste vide, le bouilleur nécessairement vidé à son tour sera promptement détérioré ; c'est encore par cette négligence des soldats chargés du service du pompage de l'eau, que des bouilleurs ont été brûlés à certains fourneaux d'hôpital d'Algérie ; une lettre officielle en fournit la preuve.

Mais cet inconvénient, très-rarement produit, ne se présente jamais dans les localités pourvues d'un service d'eau où celle-ci arrive d'elle-même dans le réservoir ; ce dernier, pourvu d'un robinet flotteur, alimente régulièrement et automatiquement les bouilleurs. Il ne reste absolument que le détartrage à pratiquer, et le retour de cette opération dépend de la quantité de matières incrustantes contenues dans l'eau.

On peut avancer, sans crainte d'être contredit, que ce sont les *appareils de la maison Boutier qui satisfont le plus complétement aux prescriptions du comité des fortifications*, que nous avons déjà citées et que nous rappelons ici : « *Les fourneaux en métal, avec garnitures intérieures en briques réfractaires et foyers indépendants, semblent être ceux auxquels il convient de donner la préférence dans les hôpitaux des places de France.* »

Puis ajoute avec raison le rapport du comité :

« **Mais il parait difficile**, vu le peu de précision des renseignements que l'on possède sur chacun des modèles en service, de se prononcer sur la valeur relative de ces divers modèles, pour établir un classement, il serait nécessaire de soumettre les systèmes divers à des expériences comparatives, dans lesquelles on aurait égard : 1° à l'importance et aux mouvements habituels de l'effectif de l'hôpital auquel l'appareil serait destiné ; 2° au nombre des foyers et à celui des marmites ; 3° aux dispositions intérieures ; 4° aux prix d'achat ; 5° à la dépense d'entretien ; 6° à la nature, à la quantité et aux prix du combustible consommé journellement. »

Et l'on pourrait ajouter 7° au nombre des services rendus et à leur facilité d'exécution.

Nous avons entendu plusieurs fois M. Arto, le chef actuel de la maison Boutier, demander que de telles expériences soient faites. Il faudrait même, puisque l'élément nouveau de la cuisine à vapeur est aujourd'hui introduit dans la discussion, que *ce redoutable concurrent* soit appelé à concourir. On verrait bien si les conclusions de M. Corbin, en faveur de ce nouveau système, sont justifiées.

Loin de reculer devant ce criterium de la valeur des systèmes et des divers appareils, les constructeurs devraient les provoquer ; et alors M. Corbin serait-il amené peut-être à modifier le passage suivant de sa brochure :

Au moment où nous faisions ces études sur les fourneaux de cuisine, et avant que le comité se fût prononcé sur cette question, nous avions cherché, par des observations directes, à répondre à une partie du programme ci-dessus, que nous nous étions posée ; malheureusement, les points de comparaison n'ont pas été très-nombreux. Des Invalides, des hôpitaux militaires de Paris, de Vincennes, de Versailles, le Val-de-Grâce est le seul qui possède un fourneau mixte, il est, avons-nous dit, du système Boutier ; les hôpitaux civils ou autres établissements de l'assistance publique, sont pourvus de fourneaux métalliques, système Baudon, ou de cuisine à vapeur (il y a une de ces dernières) ; les autres fourneaux mixtes importants, et que nous avons trouvés installés dans de bonnes conditions, sont ceux construits par M. Delaroche aîné, rue Bertrand, 22, l'un aux ateliers du chemin de fer d'Orléans, et l'autre chez les Sœurs de Saint-Vincent-de-Paul, rue du Bac, à Paris.....

Nous aurions bien désiré ne jamais parler, dans cette étude critique et comparative, que des systèmes de cuisine, et ne point y mêler les noms des personnes, autrement que pour désigner leurs produits ; mais puisque M. Corbin y a introduit cet élément de discussion, nous sommes forcé de le suivre sur ce terrain. Nous faisons d'avance nos excuses aux honorables industriels dont il est question, les priant de remarquer que ce n'est point pour favoriser l'un au détriment des autres, que nous agissons ainsi, mais uniquement dans le but de servir la justice et la vérité.

Le premier, ajoute M. le Capitaine du génie, qui est en service depuis dix ans, est beaucoup plus important que ceux que l'on peut établir dans un hôpital militaire (il ne sert, en ce moment, qu'à la cuisine de 6 à 700 personnes; mais il l'a fait pour 1,000 à 1,200 personnes).

Le second est posé depuis un an à peine (en 1872), dans un établissement où le personnel à nourrir est à peu près constant, comme nombre, si ce n'est au moment des retraites des religieuses, où cet effectif est subitement doublé pour une période d'un mois ou deux. (Le personnel est régulièrement de 6 à 700, et tous les deux mois de 1,000 environ.) Ce dernier modèle de M. Delaroche, dont on a demandé la construction à l'hôpital militaire de Versailles, comporte quatre foyers, dont deux chauffant une plaque de coup de feu, et deux marmites de 300 litres, en cuivre ou en fonte polie, à volonté (elles sont en cuivre), deux fours et deux étuves; les deux autres ne desservent que deux marmites de même capacité que les précédentes. Au centre, sont deux grands bassins de 500 litres chacun, pouvant être chauffés par deux foyers ou par l'un d'eux. En temps ordinaire, on ne doit se servir que de deux foyers, les deux autres sont là pour le cas de réparations, comme nous l'avons expliqué à propos des fourneaux de construction.

Malgré le peu d'étendue de nos observations, à la suite de l'examen que nous avons fait des fourneaux Delaroche et de celui du Val-de-Grâce, et d'après les renseignements que nous avons recueillis sur le fourneau construit en 1871, par M. Boutier, à l'hôpital militaire de la Nouvelle-Douane, à Lyon, nous croyons pouvoir formuler les conclusions suivantes :

1° Les fourneaux Delaroche sont mieux disposés, les plaques de coup de feu y étant plus vastes que dans les autres;

2° A égale importance, il sont également coûteux comme installation, mais la fabrication de M. Delaroche est supérieure à celle de M. Boutier, d'où résulte :

3° Une diminution des frais d'entretien en faveur des fourneaux Delaroche, ainsi que le prouve l'observation des faits au chemin de fer d'Orléans et au Val-de-Grâce ;

4° Ces derniers consomment beaucoup moins de charbon de terre par foyer, celui de Lyon brûlant en moyenne 150 k⁰ˢ par jour, alors que celui de St-Vincent-de-Paul, dans les mêmes circonstances, n'en exige que 125 k⁰ˢ;

5° Enfin, au point de vue de la commodité du service et de la chaleur rayonnée, le fourneau Delaroche aurait la priorité sur tous les autres systèmes usités jusqu'à ce jour, excepté cependant la cuisine à vapeur, si l'on en croit, du moins, la sœur de Saint-Vincent-de-Paul chargée de la cuisine de l'établissement de la rue du Bac, et qui, pendant vingt-cinq ans, eut, dans plusieurs hôpitaux militaires, la direction de fourneaux de divers modèles.

Mais ici comme pour les cuisines à vapeur, nous avons voulu examiner nous-mêmes toutes choses avec le plus grand soin, sur les faits imparfaitement prouvés ; nous y sommes revenus à plusieurs reprises et avons même fait recueillir par d'autres personnes des renseignements qui, unis aux nôtres, nous ont conduit à ce qui suit :

A la cuisine des ateliers du chemin de fer d'Orléans, le fourneau de M. Delaroche a des dimensions considérables ; il a une surface de dessus d'environ 24 à 25 mètres ; il est muni de 12 marmites et de 4 réservoirs pour l'eau chaude ; 8 de ces marmites sont alimentées d'eau chaude et d'eau froide par 4 cols de cygne, les 4 autres marmites sont remplies à la main. Il a 4 foyers, dont 2 grands et 2 petits ; les grands ont environ 30 c. de large sur 1 m. de long, les petits ont 20 c. sur 50 c. Un grand et les deux petits foyers brûlent constamment ; la consommation du combustible est de 150 à 200 k. de charbon par jour. Comme la surface à chauffer est grande, il faut employer un charbon à flamme (de Charleroi par exemple), et lorsque le charbon ne donne pas assez de flamme, on emploie, à la place, du bois dont on brûle de 700 à 800 k., on le porte au compte de la cuisine pour le chiffre approximatif de 675 k. par jour.

Nous inclinons assez vers le chiffre de 200 k. de charbon plutôt que vers celui de 150 k., les deux motifs de notre opinion, sont : 1° la grandeur des foyers qui ne peuvent être suffisamment alimentés avec une si faible quantité de combustible et 2° la quantité de bois remplaçant le charbon : en effet, comptant le charbon à 8,000 calories et le bois à 3,000, les 675 k. consommés équivaudraient à 253 k. de charbon. L'effectif à nourrir est de 600 à 800 personnes, ce qui fait une dépense de combustible de 285 grammes par tête.

Le fourneau des sœurs de Saint-Vincent-de-Paul est moins grand que le précédent, il a environ 17 à 18 mètres de surface, ce qui est encore très-respectable ; il est surmonté de huit marmites, deux grands réservoirs d'eau chaude, desservis par 4 cols de cygne. Il a quatre fours à rôtir, dont deux à chaque bout, au-dessous desquels sont des étuves servant uniquement à tenir les plats et les assiettes au chaud ; ces derniers sont incapables de cuire quoi que ce soit ; quatre foyers dont deux grands et deux petits ; les grands ont 25 c. de large sur 1 m. de profondeur ; les petits, 20 c. sur 50 c.; l'un des grands et les deux petits fonctionnent constamment, l'autre grand n'est allumé que pendant les retraites et lors des réparations ; l'effectif du personnel ordinaire est de 650 à 700, et tous les 2 mois, aux époques des retraites, il y a environ 1,000 personnes. La dépense du combustible étant de 200 k. par jour, en temps ordinaire, elle est par tête, de 300 grammes.

Ces deux fourneaux sont d'une construction irréprochable sous le rapport de la solidité, mais sont-ils d'un modèle véritablement pratique ? Sans hésiter, nous répondons, non. Non, ils ne le sont pas, ce qui s'aperçoit à première vue et l'usage nous donne complétement raison. En effet, depuis que ce modèle a été imaginé, ces deux appareils sont les seuls qui aient été construits. Raisonnons. Voici les motifs qui s'opposeront toujours à leur adoption :

1° Leurs dimensions sont vraiment exagérées pour les services qu'ils rendent ;

2° Le poids des matériaux est en disproportion avec l'usure éprouvée surtout dans les parties qui ne souffrent pas ; aussi leur prix est-il beaucoup trop élevé ;

3° La surface étant très-grande, la manœuvre de plusieurs des marmites ne se fait qu'en escaladant le fourneau et en se promenant dessus ; quatre de ces marmites ne peuvent être alimentées par les cols de cygne, elles le sont à la main au moyen de seau, ce qui augmente la difficulté et la dépense du service ;

4° Les réservoirs sont insuffisants pour fournir toute l'eau chaude nécessaire aux besoins de la cuisine et à ceux si nombreux d'un établissement hospitalier ;

5° Les fours de dessus, seuls, peuvent cuire les viandes, quant à ceux de dessous, ils ne peuvent servir que d'étuves ;

6° Les frais de pose et d'entretien sont aussi considérables que ceux des modèles que nous allons mettre en parallèle ;

7° Le nombre des foyers est trop restreint pour la grandeur du fourneau et la diversité des services demandés.

Tel est le système que M. Corbin conseille d'adopter au ministère de la guerre pour les hôpitaux militaires, à défaut de la cuisine à vapeur, bien entendu. Pour appuyer son opinion, cet officier prend pour terme de comparaison, en ce qui concerne la quantité de combustible brûlé, le fourneau de l'hôpital de la Nouvelle-Douane, à Lyon, et il dit que ce fourneau consomme 150 k. de charbon par jour ; il a parfaitement raison, et ici, ses informations sont semblables aux nôtres ; mais ce qu'il ne dit pas, c'est que l'effectif de cet hôpital est de 550 à 770 malades et de 150 à 210 infirmiers ; ce qui met de 185 à 200 grammes la dépense de charbon par jour et par tête. En outre, ce fourneau étant à bouilleur, fournit l'eau chaude nécessaire à tous les besoins de l'hôpital, et en résumé, M. Olive, officier principal d'administration, et les sœurs, préposées à la cuisine, sont, comme on l'est partout où existent les fourneaux de ces constructeurs, enchantées de leur appareil.

Nous allons citer l'exemple de divers fourneaux nouvellement construits par la maison Boutier (Arto et Cie), et dont deux sont installés à Paris et à Versailles. On pourra les visiter facilement et s'assurer de la différence qui existe entre nos dires et ceux de M. le capitaine Corbin.

En 1874 et 1875, les hôpitaux militaires de Vichy, Perpignan, Bordeaux, les Invalides et Versailles, ont été pourvus de fourneaux Boutier. Les quatre premiers sont du modèle adopté par le Comité des fortifications et par MM. les Inspecteurs généraux. Nous pouvons même dire que c'est ce modèle de la maison Boutier, déjà placé dans plusieurs hôpitaux militaires, qui a été la base de l'opinion des deux autorités compétentes que nous venons de citer.

Ces fourneaux ont trois foyers, l'un central, pour la plaque à cuisiner, et les autres par bouts, chauffant les marmites ; ils satisfont même au désir de M. Corbin, qui consiste à ne faire chauffer qu'une ou deux marmites, selon les besoins, et cela, on y parvient au moyen de clefs disposées à cet effet.

Ces fourneaux n'ont coûté, marmites comprises, que 7,000 fr. au lieu de 9,000 fr. que compte M. Corbin.

A l'hôpital militaire de Versailles, où M. Corbin conseillait de placer un fourneau Delaroche, le ministère vient d'en faire installer un du modèle Boutier ; ce sont déjà des arguments en faveur de cette maison. Il sera, dès lors, facile à tous les hommes, désireux de se rendre un compte exact de la valeur des deux systèmes Boutier et Delaroche, de comparer le fourneau de Versailles avec celui des Sœurs de Saint-Vincent-de-Paul de la rue du Bac, et de juger celui qui doit occuper le premier rang.

Il nous a été dit que le devis fourni par M. Delaroche pour l'installation complète de la pharmacie et de la cuisine de l'hôpital de Versailles, montait à 33,000 fr. ; la maison Boutier a fait cette même installation pour le prix de 25,000 fr., ce qui est une différence suffisante permettant de répondre à M. Corbin, lorsqu'il dit : « A égale importance, ils sont également coûteux comme installation. » M. Corbin se trompe ici, comme il s'est trompé sur la quantité de combustible brûlé, comme il le fait sur les frais d'entretien. En ce qui concerne ces derniers, nous avons vu des fourneaux Boutier, qui sont montés depuis plus de 30 ans, et qui fonctionnent toujours admirablement, n'ayant jamais demandé que le remplacement périodique des barreaux du foyer, des rondelles et des portes de paraboles. Quant aux autres parties, elles n'ont jamais été remplacées. Ces frais d'entretien ne montent certainement pas, annuellement, à plus de 100 à 150 fr. pour des fourneaux importants. Il est entendu qu'il ne faut pas qu'il y ait eu de négligences trop grandes de la part des cuisiniers.

Les installations des cuisines des hôpitaux de Vichy, de Bordeaux et de Versailles, peuvent être prises pour types dans l'état actuel des connaissances dans la construction des fourneaux de cuisine. Voici comment est composée l'installation de l'hôpital militaire de Versailles :

Du fourneau de la pharmacie, nous dirons peu de chose. Il se compose de deux foyers au charbon de terre et de deux autres au charbon de bois, de deux étuves à dessécher, d'une marmite à tisane, de deux bains-marie pour cataplasme et d'un alambic. Il est pourvu d'un bouilleur intérieur qui fournit de l'eau chaude à volonté et d'un col de cygne donnant de l'eau froide au réfrigérant de l'alambic ; ses dimensions sont de 3^m/2^m. Le fourneau de la cuisine, qui est la pièce capitale, est composé comme suit : il a 5^{m}25 de long sur 1^{m}90 de large ; il est isolé. Ces dimensions correspondent à celles de la cuisine et permettent, avec la circulation tout autour, le libre et facile accès aux marmites, aux colonnes et à leurs robinets, l'entourage est en fonte, bordé de fer poli, avec main-courante aussi en fer poli. Les deux bouts sont semblables, et chacun d'eux est ainsi disposé : Les deux parties des grandes façades sont mobiles, le dessus avec 4 trous, savoir :

Un de 0^m80, avec une marmite en cuivre étamé, de. .   250 litres.
Un de 0^m70,   —   —   de. .   200
Un de 0^m52,   —   —   de. .   100
Un de 0^m44,   —   —   de. .   50

Ces marmites sont chauffées deux à deux, par un foyer de 0^m22 de large, avec des barreaux de 0^m40. Les foyers, au nombre de six, sont complétement indépendants et permettent d'effectuer sur ce fourneau huit services différents intermédiaires entre le minimum, qui est celui de 150 personnes, et le maximum, qui est pour 1,200, tout en ne dépensant toujours qu'une quantité de combustible proportionnelle à l'effectif nourri. Cette amélioration, extrêmement importante, ne se rencontre dans aucun fourneau des autres systèmes. Ici encore, la maison Boutier est en complet accord avec le Comité des fortifications. Les foyers de ces fourneaux ont les deux du milieu 0^m20/0^m40, ceux des bouts 0^m22/0^m40 ; les mêmes barreaux peuvent servir à tous les foyers.

Il n'y a toujours que 1, 2, 3 ou 5 foyers fonctionnant, les autres étant dans l'attente ou d'un service maximum, ou des réparations de l'un des bouts, la dépense théorique de ces foyers est de 80 k^{os} environ par jour ; la dépense pratique a été reconnue de 120 k^{mes}. L'effectif moyen étant de 500 malades et 200 infirmiers, la dépense de combustible par tête est donc de 175 grammes y compris le chauffage de l'eau pour 15 ou 20 bains par jour. Le fourneau de Lyon, nou^s l'avons dit, dépense 185 grammes au lieu de 285 à 300, c'est donc une économie journalière et par tête de 100 et 125 grammes, sur la dépense des fourneaux Delaroche, que M. Corbin déclare devoir être, sous ce rapport, placés au premier rang (1).

Les 4 foyers du fourneau de Versailles, destinés au chauffage des marmites, sont alimentés par une porte à courant d'air, les autres le

---

(1) On peut constater par là les progrès incessants que fait faire la maison Boutier à ses fourneaux de cuisine, puisque, depuis l'époque de la construction du fourneau du Val-de-Grâce jusqu'à la construction de celui de Versailles, les améliorations ont été constantes, comme dans toutes les bonnes maisons.

sont par des rondelles. Latéralement aux deux foyers du centre sont deux bouilleurs cylindriques, munis de trous d'homme facilitant le nettoyage et les réparations. Ces bouilleurs sont surmontés d'une colonne de circulation, portant un robinet destiné à l'emplissage des marmites. Les bouilleurs sont alimentés par un tuyau communiquant à une caisse spéciale. Sur la façade du bout, une niche, avec robinet, donne l'eau chaude satisfaisant aux besoins intérieurs. Sur la façade de devant existe un tuyau amenant l'eau chaude aux bains. A la partie centrale, le dessus a 6 trous et 2 foyers ; latéralement sont 4 fours traversant qui, contrairement à ceux des fourneaux de la maison Delaroche, peuvent servir tous à la cuisson, les deux de dessus aux viandes rouges, ceux de dessous aux viandes blanches et à la pâtisserie. Cette disposition très-heureuse tient aux passages des feux organisés comme ils ne le sont dans aucun des autres systèmes. Plus 16 tampons permettant le ramonage, et cette opération facilement exécutée, empêchent le fourneau de ne jamais manquer de tirage.

Il y a, de plus, deux cols de cygne donnant l'eau chaude sur le dessus à cuisiner.

Les 6 foyers sont indépendants, et chaque partie du fourneau, ainsi que chacune des marmites, a son feu réglé par une clef disposée à cet effet.

Les colonnes du fourneau communiquent par des tuyaux de circulation, avec une caisse en fer contenant 2,000 litres ; cette dernière est munie d'un robinet flotteur, permettant l'alimentation automatique des bouilleurs. Un placard-étuve, pourvu de rayons à jour, est chauffé par la fumée du fourneau, ainsi que la caisse de circulation placée au-dessus. Mais avant de chauffer ces deux dernières parties, la fumée pénétrant dans une pièce voisine y chauffe le cylindre ou chaudière à laver la vaisselle. Il y a, en outre, une broche à hélice, avec foyer réducteur servant aux rôtis de luxe, et une grillade pour les côtelettes. En outre encore, la maison Boutier a livré, sans augmentation de prix, des garnitures supplémentaires de rechange en barreaux de foyer, portes de paraboles et couronnes.

De sorte, que ce fourneau, non-seulement fait la cuisine d'une façon extrèmement commode et économique, mais encore pourvoit le service des bains, au nombre de 15 à 20 par jour.

On peut dire que cet ensemble de cuisine est admirablement satisfaisant.

Il nous a été répété ce qui avait été dit à la commission, composée : de M. Jalibert, sous-intendant à Versailles, M. Sesari, officier comptable à l'hôpital de cette ville, et un capitaine du génie délégué par le commandant de génie de cette place, en procédant à la réception de ces divers appareils, par les bonnes sœurs de St-Vincent-de-Paul, chargées du service, que ce fourneau était, sous tous les rapports, de beaucoup supérieur à ceux de M. Delaroche, placés aux ateliers du chemin de fer d'Orléans et à la maison mère de la rue du Bac, qu'elles connaissent. Ces bonnes sœurs venaient d'en acquérir la preuve dans une récente retraite, d'où elles rentraient.

Après ces témoignages, ces preuves faciles à vérifier, nous n'avons plus rien à ajouter pour que les conclusions de M. le capitaine Corbin soient ébranlées. Du reste, lui-même, nous en sommes convaincus, sera le premier à changer d'opinion en examinant minutieusement ces nouveaux appareils.

Comme résumé nous dirons :

1° Que les cuisines à vapeur ne peuvent être employées que dans les cas très-rares des établissements industriels et hospitaliers où la nourriture est peu variée, l'effectif à nourrir très-considérable et à peu près constant, les services généraux exigeant l'emploi de la vapeur et ayant des ingénieurs et des mécaniciens habiles, à leur disposition. Peut-être, pourrait-on en faire usage dans certaines grandes casernes, et encore pour nous, les avantages en résultant sont-ils problématiques. Mais, dans les hospices civils et les hôpitaux militaires, nous avons suffisamment montré l'impossibilité de cet emploi ;

2° Pour ces derniers établissements, les fourneaux de cuisine à la houille et du système mixte, à foyers multiples, sont unanimement reconnus les plus en rapport avec les divers services que l'on doit en retirer ;

3° Enfin, les fourneaux mixtes dits à bouilleurs de la maison Boutier, de Lyon, aujourd'hui Arto et Cie, sont ceux qui réalisent les plus grands avantages, tant sous les rapports de la modération de leur prix, de leur solide construction, de leur durée et de la facilité de leur réparation, que sous ceux de la commodité de leurs services multiples, de leur faible rayonnement, du bon emploi du calorique et de l'économie journalière du combustible.

D'après tout ce que nous savons des appareils de cuisine, le fourneau le plus perfectionné, quant à présent, pouvant servir de type, est celui de l'hôpital militaire de Versailles.

www.ingramcontent.com/pod-product-compliance
Lightning Source LLC
LaVergne TN
LVHW022328170726
843503LV00006B/2766